公共行政规范理论译丛
● 主　编：马　骏　任剑涛

公共行政中的性别形象
——合法性与行政国家
GENDER IMAGES IN PUBLIC ADMINISTRATION
LEGITIMACY AND THE ADMINISTRATIVE STATE

〖美〗卡米拉·斯蒂福斯（Camilla Stivers）／著
熊美娟／译

中央编译出版社
Central Compilation & Translation Press

Gender Images in Public Administration: Legitimacy and the Administrative State by Camilla Stivers
English language edition published by SAGE Publications of Thousand Oaks, London, New Delhi, Singapore and Washington D. C., © 2002 by SAGE Publications, Inc.

本作品中文专有出版权由 SAGE Publications 授予中央编译出版社独家出版发行。
版权所有，非经书面授权，禁止以任何形式进行摘录、复制或转载。

图书在版编目(CIP)数据

公共行政中的性别形象:合法性与行政国家/(美)斯蒂福斯著;熊美娟译.
—北京:中央编译出版社,2010.3
(公共行政规范理论译丛)
ISBN 978-7-5117-0183-1

Ⅰ.①公…
Ⅱ.①斯… ②熊…
Ⅲ.①行政学－研究
Ⅳ.①D035
中国版本图书馆 CIP 数据核字(2010)第 023661 号

公共行政中的性别形象:合法性与行政国家

出 版 人	和 龑
责任编辑	贾宇琰
责任印制	尹 珺
出版发行	中央编译出版社
地　　址	北京西单西斜街 36 号(100032)
电　　话	(010)66509360(总编室)　(010)66509350(编辑室)
	(010)66161011(团购部)　(010)66130345(网络销售)
	(010)66509364(发行部)　(010)66509618(读者服务部)
网　　址	www.cctpbook.com
经　　销	全国新华书店
印　　刷	北京印刷一厂
开　　本	787 毫米×960 毫米　1/16
字　　数	160 千字
印　　张	12.75
版　　次	2010 年 3 月第 1 版第 1 次印刷
定　　价	35.00 元

本社常年法律顾问:北京大成律师事务所首席顾问律师　鲁哈达
凡有印装质量问题，本社负责调换。电话:(010)66509618

致从事公共行政事业的女性
　　　　——尤其是学者

译丛总序

在现代公共行政学的发展史上,一直有两条重要的主线:规范与实证理论。现代公共行政学正是围绕着这两条理论线索不断发展起来的。这两条主线有时相安无事,各走各的,有时则相互碰撞,发生争执。无论是那一种情况,它们都在推动着公共行政学的发展。只有同时把握这两条主线的研究,熟悉它们各自的主要理论及研究方法,才能完整和准确地了解现代公共行政学。尽管许多人将公共行政学的诞生追溯到19世纪末,但是,作为一个相对独立的"学科",公共行政学成型于20世纪的美国,并在20世纪30年代进入其发展的黄金时代,形成了所谓的古典公共行政学。1947年,西蒙出版了《行政行为》,次年,瓦尔多出版了《行政国家》。两位学者及其著述凸显了公共行政学中两种学术旨趣之争:实证取向的公共行政学,还是价值取向的公共行政学?1952年,西蒙与瓦尔多之间就此发生辩论。这场著名的"西蒙/瓦尔多之辩"正式结束了公共行政学的古典时期。自那以后,美国公共行政学就分裂成许多流派,由此进入一个长达近60年的范式分离和竞争。在这一竞争的格局中,规范理论一直占有重要的地位,深刻地影响着公共行政学的发展。而且,最为有趣的是,尽管20世纪50年代以来,实证研究越来越成为社会科学,尤其是美国社会科学的主流,在公共行政学尤其是美国公共行政学中,规范理论一直发挥着举足轻重的影响,许多顶尖的公共行政学家都在从事规范研究。这在一些希望将公共行政学变成"科学"的学者眼里，极大地妨碍公共行政学发展成为"受人尊重的"硬科学。然而，不可否认的是，正是由于规范研究的存在，才使得公共行政学一直保持着敏锐而深刻的批判精神以及不断进行创新的活力。从20世纪70年代的新公共行政学，到80年代出现并仍然非常活跃的"公共行政理论网络"（Public Administration Theory Network，PAT－NET），公共行政学中的规范研究一直不乏传承，不断推出产生重大影响的著作。著名公共行政学家斯蒂尔曼（Stillman，1999）将"公共行政理论网络"的学者称为"诠释派"。这一流派的学者都是实证研究的反对者，都主张在公共行政学中开展"诠释研究"和"批判研究"。他们一方面批判性地反思行政国家的现代性基础，反思公共行政学的哲学基础，另一方面对于公共行政中的价值问题（例如社会公平）和公民权问题等极其关注，孜孜不倦地寻找建立美好社会的替代方案。有时，他们像一些破坏者，撼动那些支撑着我们已经习以为常的现代行政国家的基石；有时，他们像一些幻想者，构想者一些曲高和寡的、新的治理模式；有时，他们使用的术语是那样的生僻而且古怪，他们使用的思辨方式也让那些熟悉和热爱定量数据的人们感到陌生。然而，无论如何，我们都必须认真地对待他们的研究，并保持一种开放的态度。应该认识到，实证研究只是我们认识世界的方式之一，绝不是唯一的至高无上的研究方法。

目前，国内公共行政学研究整体落后于国际学术水平。不仅在实证研究方面非常落后，而且在规范研究方面也非常落后。对于规范研究，国内一些研究者的理解也是非常成问题的，似乎只要不用定量数据就是规范研究，而不知规范研究也有其独特的理论建构方式和质量标准。翻译、介绍公共行政学中的这些规范理论，对于提高我国公共行政学中规范研究的质量意义重大。同时，也对我们的改革实践具有重大意义。目前，如何适应社会、经济变迁重构国家治理已是中国公共行政学必须提出整体性解决方案的根本性大问题。这不仅需要严谨、科学的实证研究，更需要建设性的规范理论。本译丛主要翻译和介绍瓦尔多的《行政国家》发表以来、在20世纪70年代初具规模、在80年代大规模复兴并不断发展壮大的公共行政学中的规范理论。本译丛着重选择公共行政学规范理论中的经典著作以及最近几年引起各种争论的最新著作。我们希望，这有助于矫正汉语公共行政学界的一些认知偏差，更好地引导汉语公共行政学的健康发展。我们两人分别从事规范和实证研究，按理学术取向不同，难以进行学术交流。所幸，作为同事，我们经常有机会进行一些交流。在交流中发现，实证研究与规范研究之间的交流和互动，每每收获甚大，可起相互启发之效。同时，深忧我国公共行政学研究中越来越重的纯粹管理主义乃至工程主义倾向，遂有编辑此译丛的想法。其后，得中央编译局贾宇琰女士及该局其他同仁的支持，以及各位译者的辛勤工作，方有此丛书面世。

本译丛的翻译获教育部人文社科重点研究基地中山大学行政管理研究中心重大项目"国外公共行政学理论前沿"的资助。

马骏　任剑涛

2008年2月10日于中山大学

目录 Contents

前言 1

第一章 性别困境和公共行政的合法性诉求 1

第二章 "在位但不在高位":行政国家中的女性 11
    公共服务中的女性 12
    女性的组织现实 20
    女性和行政国家 29
    结论 35

第三章 "善于磨刀":专业知识的困境 37
    客观的专业知识 39
    职业自主权 47
    专业知识的等级制 50
    兄弟关系 54
    职业主义和女性 57

第四章 "看着像个女士,行动像个男人":领导的困境 ... 60
    对领导者的描述 64

女性领导者 …………………………………………… 71
　　领导和公共行政 ……………………………………… 77

第五章　英雄工厂：美德的困境 ………………………… 80
　　美德 …………………………………………………… 82
　　监督者 ………………………………………………… 86
　　名望和荣誉的追求者 ………………………………… 89
　　英雄 …………………………………………………… 98
　　公民 …………………………………………………… 105
　　结论 …………………………………………………… 108

第六章　从开始来看：女性改革者和行政国家的崛起 … 110
　　真实的女性本质 ……………………………………… 114
　　变成公事化的 ………………………………………… 119
　　塑造行政国家 ………………………………………… 124
　　改革的性别 …………………………………………… 127
　　结论 …………………………………………………… 129

第七章　脆弱的窗户：改变之路 ………………………… 131
　　女性主义的理论路径 ………………………………… 133
　　公共行政的女性主义理论趋势 ……………………… 138
　　女性主义的实践智慧 ………………………………… 151
　　结论 …………………………………………………… 156

参考文献 …………………………………………………… 157
索　引 ……………………………………………………… 178

前　言

本书可以追溯到 20 世纪 80 年代初期，当时我还是一个非营利部门的行政人员，一个中年的博士研究生。但是，我对女性主义的感情像今天许多女性一样——很矛盾。20 世纪 60 年代，所谓的第二波女性主义浪潮已经成为一种权力的来源，使我摆脱了负疚感，并帮我找到了几份工作。我曾经在一个女性主义者杂志社短期工作过，甚至参加了全国女性政治委员会地方支部的一个会议。但是，我的事业和我两个年幼的儿子耗尽了我的精力，而且我也不确定自己是否真的想要"奋斗拼搏"。我告诉自己，我努力奋斗是基于我的天赋，而不是因为我是个女人。

1981 年，我进入了弗吉尼亚理工大学公共行政和政策中心。开始作博士论文研究时，我偶尔会对自己抱怨，比如很少发现讨论女性议题的文章，老师都是男的，我们似乎从来没有读过女性写的文章，除了非常棒的老玛丽·帕克·福莱特（Mary Parker Follett），用他或他的（he and his）来代表整个人类的文章，等等。然而，我总是自己悄悄抱怨，我要看起来是个好学生。我猜想我的教授们不会注意到——或至少不会特别注意到这个事实——我是女性。时至今日，我都非常感激他们的支持和启迪。

我和好友雅姬·库克（Jackie Cook）有过长期的交流，她的温柔和毅力打动了我。作为和雅姬以及其他女同学谈话的结果，我开始注意到课程材料中很少有关于女性主义的研究,也注意到了我自己和女性所关注的道德议题的距离。我对它的兴趣也由此产生了;我开始阅读一些女性主义理论的文献,并决定写一篇"与女性和公共行政有关的"论文——揭示女性主义观点可能会改变这个领域的一些研究方式。在准备阶段,我重新回到《公共行政评论》,力图在已有的文献基础上构建研究。我非常惊讶地(显示了我的天真)发现,在过去十年几乎没有任何女性主义观点的文献:只有内斯塔·加拉斯(Nesta Gallas, 1976)编辑的一组研讨,其他一篇或两篇关注平等机会的文章。只有鲍勃·登哈特和简·珀金斯(Bob Denhardt and Jan Perkins, 1976)提出范式转换的问题。尽管我知道政治学、组织社会学甚至经济学学科关于女性主义的研究非常之多,但是公共行政似乎对女性主义的理论角度非常无知,(而这在当时)本不该发生。这个发现改变了我对公共行政这个领域的看法以及我的研究选题。此后,我开始在这方面进行研究。

正如本书所指出的,女性主义现在正被乌云所掩盖,所以对我而言,说出这两件事是很重要的:首先,我相信公共行政学科的男性和女性并不需要称呼他们(她们)自己为女性主义者,并以此来认真考虑性别对我们学科的概念和规范理论的影响;其次,不管男性和女性对这个标签感到舒服与否,本书中女性主义这个术语将不时出现,人们也将看到我是希望引起人们对此进行相应的理论对话的。我很高兴将这个术语应用在我自己身上,但是我并不坚持要其他任何人为了对话也这样做。

在学术研究中,承认他人的帮助非常正常,但我的印象是,任何女性在完成一本书的时候都会意识到他人给予帮助的重要性,这种感激之情远超过一般意义的感谢。我有一种在互相帮助的网络中工作的感觉,有一刻我甚至感觉自己就在这个中心。对我来说,没有这种网络的帮助就无法完成本书,我希望在将来也能够像自己曾经被支持和帮助的那样,去支持和帮助他人。

盖伊·亚当斯(Guy Adams)认真并且快速地阅读了我的草稿,并给予了我任何一个作者都渴望得到的最热切的关爱。1991年秋天,凯西·登哈特(Kathy Denhardt)、辛西娅·麦克斯温(Cynthia McSwain)、奥赖恩·怀特(Orion White)、露西娅·哈里森(Lucia Harrison)、迪安·奥尔森(Dean Olson)、谢里尔·金(Cheryl King)、扎希德·谢里夫(Zahid Shariff)以及常青藤州立学院的学生在公共行政的政治和经济学课程上以严谨的态度阅读了整本草稿,并提出了许多宝贵的建议。几位匿名评审专家的意见也使我避免了几个非常愚蠢的知识错误。约翰·马文(John Marvin)一如既往地支持我;雅姬·库克正如我在上文指出的,使我走上了正轨。露斯-埃伦·约雷斯(Ruth-Ellen Joeres)给了我关键的一个月假期,使我能完成手头的工作,这是终生的友谊。博尼塔·埃文斯和简·洛伦佐(Bonita Evans and Jane Lorenzo)慷慨地提供了文稿写作所需要的专业帮助。许多其他朋友和同事也提供了珍贵的鼓励和支持。在1989年和1991年夏天,常青藤州立学院提供了研究基金资助。塞奇出版社(Sage Publications)的哈里·布里格斯(Harry Briggs)提供了帮助,并且非常热情。言语难以道尽感激之情;我只希望自己能够马上帮助到他人。

第一章 性别困境和公共行政的合法性诉求

美国政治思想史建立以来，维护公共行政的合法性就一直是其主题之一。因为非选举的职业行政人员所行使的自由裁量权和代议制的民主原则相冲突，所以行政国家需要被证明是合法的。就理论而言，权力是从人民到他们选举的官员，并间接到达行政和司法官员那里。统治者的权力是基于公民能够投票罢免他们的职位，或至少罢免任命他们的人。在这种体制中的终身公务员，既不是被选举的，也不能轻易被罢免，因此，他们权力的行使是有问题的。然而，职业行政人员经常作决策，这种决策等同于解决公共利益方面的问题。他们对政策命令的解释为那些很模糊甚至经常是自相矛盾的法律添加了血肉。行政人员行使常规的权威，并基于个案对私人公司和个人进行裁判。官僚机构的职业行政人员决定某些个人、组织或社区是否符合公共项目的利益规则。总之，行政人员拥有权力。

在维护公共行政合法性上，最著名的可能是伍德罗·威尔逊的论文（Woodrow Wilson，1887/1978），现在这篇论文被广泛认为是这个领域的奠基之作。威尔逊指出了公共行政和政治的显著区别：行政人员的义务只是简单地通过科学的专业方法来执行立法的命令，而不是要在政治问题上考虑其立场。行政是合法的，因为它是中立

2
公共行政中的性别形象

的。然而随着时间的流逝，观察者逐渐认识到这种观点过于简单，与官僚制的现实不符。传统的有识之士现在认识到行政和政治完全分立是不可能的。然而，专业知识仍然是公共行政合法化的主要基础。正如莫舍（Mosher, 1968）在其经典著作中所言，问题依然存在，"一个（专业的）公共服务怎么……可能以与民主相容的方式来运作？"（p.3）随着行政国家（行政人员的政府）日益发展，越来越多的美国人有了与此相关的直接体验，问题也变得日益迫切。

对官僚制的怀疑是美国正在发生的一个现象；然而到了20世纪末期，这种怀疑使公务员的形象降至公共行政史上的历史低点。在过去20年里，公务员承受了公众普遍怀疑的压力和直接的异议。对贫穷开战、膨胀的预算赤字和加剧美国民众对政府行动主义误解的一系列丑闻，这些被报道出来的失败使政客们承诺降低税收，缩减官员，清除"浪费、欺骗和滥用"。共和党和民主党，包括总统候选人，严惩了那些瞎写文章和消磨时间的公共雇员，那些沉湎于官样文章而不去接触现实的人。公众对这些官员从开始就没有很高的评价，现在则评价更低。所以，近年来为行政国家的辩护看来更为迫切，这并不令人惊奇。

对于这些猛烈的批评，公共行政领域则以论证职业行政人员在美国政府体制中的合法地位来进行辩护。围绕着美国宪政二百周年和威尔逊的奠基之作一百周年举行的庆祝活动，产生了一系列为公共行政辩护的著作、文章、专刊和会议论文。例如，古德塞尔（Goodsell, 1985）的《官僚制事实》（*The Case for Bureaucracy*）指出了官僚制活动的有效性，而罗尔（Rohr, 1986）的《宪法运作》（*To Run a Constitution*）一书则指出，行政国家是与宪法原则相符合的。许多公共行政的辩护将焦点放在公务员的基本素质上；这些观点提出了专业知识、领导、作为个人或集体的公共行政人员的美德形象

(Mitchell & Scott，1987)。这些辩护的关键之处在于指出了20世纪末期，社会的范围和复杂性要求职业官员有相匹配的能力、远见及领导国家的公共精神，要求他们能作为一个稳定的阶层存在。

在公共行政努力为其自身辩护的同一时期，相当规模或更多的著作探讨了西方政治哲学的性别角度。这种研究通常被界定为女性研究或女性主义理论，它对自由国家所标榜的个人主义提出了批评，同时因为公私领域是基于排除女性和女性对政治生活的关注所确立的，它也对自由国家依赖公私领域之间明确的界限进行了批评。女性主义理论提出了权力、美德和组织性质、领导和职业精神的新理论，指出女性在其中形成社会和政治的基本方式。然而，这些观点很少成功进入公共行政领域的对话，对行政国家的辩护显示出并没有人意识到公共行政形象的合法性辩护中存在着性别方面的问题，或是西方政治的性别问题可能对他们的研究有重要意义。

有人可能会说，为行政国家辩护的人看来对性别并不敏感，因为被政客和广大公众所彻底批评的事业大体上已经很难再有更进一步的批评。一个女性主义者的观点能够对公共行政有什么帮助吗？看来可能并没有，如果（正如当前许多辩护者所指出的）为公共行政辩护只是意味着为行政工作取得像平常一样的支持。但是我潜在的假设是：公共行政的合法性问题有更深的根源，而不只是简单的对贫穷开战的失败、水门事件、反伊朗、其他丑闻和里根主义；因此，论证合法性问题需要跳出这些事件的表面，去追寻其深刻根源。

本书提出，为行政权力辩护的这些主题——专业知识、领导、美德的形象包含着性别困境的问题。它们不仅是男性特质的，而且以牺牲文化上具有女性特质的人为代价，保证那些文化上具有男性特质的人的地位，并赋予其政治和经济特权。公共行政的男性特质远远不只是表面的装饰或是仅产生副作用，而是体制的结果：它有助于并维持了社会的广泛权力关系，使得后者以性别为基础（尽管并不完全是以此为基础）来分配资源，影响了人们的生活机遇、人们对自己的感觉和在这个世界上的位置。

从性别方面来观察公共行政，它的公共维度可以通过性别维度来揭示。事实上，任何为公共行政辩护的需要，都可以追溯到它权威的公共性。公共行政人员的决策把其他人排斥在公共机构外，或阻止他们做某些事情。公共行政包含公共权力自由裁量权的行使，并且我们期待公共权力能为其自身辩护。典型的是，这需要重新恢复一些公共行政的特征，例如行政决策的公共利益维度，服务于公共利益的专业知识，后工业社会这种高度复杂的时代对有公共精神的行政领导的需要。但是这种公共性是有问题的，因为它基于对公共领域的历史理解，而公共领域又是作为男性的领域，它与女性所在的基本生活空间和责任所属的家庭领域非常不同。

经典自由主义总是将公共领域的界限视为防止暴政所必需的，将个人、"私人"的利益视为国家管辖范围之外的问题。但是相矛盾的是，自由社会的生存即它的公共领域，依赖于家庭某些功能的实施，例如衣食住以及抚养孩子等服务的提供。理论和实践中都常见的是，家庭被视为女性的领域；当女性承担家庭责任时，她们引发的问题从定义上被视为是私人的——而不是政治的。因此，不只是家庭安排的合法性，而且人类对公私的区分首先也从公众讨论中去除了。通观历史，女性经常被期待处理与生存和抚养有关的事务，以便男性能有时间和精力从事公共事务。① 这种劳动分工一直持续到今天，尽管有着平等机会和肯定性的行动政策，但这些政策只是简单地让女性承担家庭的和公共的责任，而不是让她们享有和男性平

---

① 文献非常之多。例如，见 Jaggar (1983), O'Brien (1989) 和 Okin (1989)。

第一章 性别困境和公共行政的合法性诉求

等的权利，尽管有共同抚养的建议，但是这种建议常常被违背，并在实践中很少见到被履行（Hochschild，1989；Rhode，1988）。

公共行政像其他公共部门的活动一样，在结构上是男性的，尽管它表面上是中性的：因为女性承担的重担是家庭功能中更重要的一方面，不然生活简直就是不可能的，所以公共行政也只能继续像以往那样运作。因此，为公共行政的合法性辩护可从以下两点着手：（1）对女性一系列义务的分配，不管多么必要，通常都被认为是没有价值或不重要的，这与对女性的这种次要位置的看法是一致的；（2）限制女性参与公共生活的机会，或者是她们必须投入的时间和精力。

这种安排的性别维度是相矛盾的。国家依赖于家庭，但是基本上只承认与家庭议题相关的政治问题（可以见到的是，家庭暴力和虐待儿童问题经过多久才成为一个政策议题）；从自由主义理论来看，女性被视为"公民"，但是在现实中，不管是正式的（法律）也好，还是从事实来看也好（通过对她们承担家庭义务的需求），她们对公共生活的参与都受到了限制。

正是这种性别矛盾构成了行政国家中女性的困境，这也是我在书中指出的。探讨性别困境涉及每天的生活实践，例如在家庭、组织和政治层面所发生的事实，以及理论家们所说的事实。它包括努力去消除那些理所当然的行政实践和有关这些实践是被如何思考和记录的：什么构成了适合的男性和女性行为的概念——即性别，我们要去明确其有关性别概念的模糊、差别、矛盾以及未说出的假设。目的是要指出这些行政理念和行为模式对女性所构成的伤害，并重新思考改变这些思想和行为的基础。我想指出，这些被广泛认可的共识低估了女性的贡献和利益，限制了她们的政治和社会自由。当然，性别的这种动态机制也限制了男性的选择，他们发现，可以随

6

公共行政中的性别形象

意使用的追求和行为模式要比他们本身能够想到的狭窄，因为他们不得不担心被认为是"女性的"。但是大多数情况下，这种思想模式的凝聚力在于使女性保持着相对于男性较为弱势的地位，因此它们对女性的影响是更为严重的。

在公共行政学科，探讨性别困境问题并不意味着其他因素如种族、阶级并不重要。以性别为基础的压迫是与以种族或阶级为基础的压迫联系在一起的；性别的重要性并不在于它是主要的原因，而在于它作为一个观察的角度使人们可以看到其他角度可能错过的问题。由于有色人种女性、工人阶级和贫穷女性们的批评，人们最终认识到这点：她们指出了女性主义思考的狭隘性。例如，她们注意到，中产阶级白人女性如何将她们自身视为女性的典范，这其实是重复了男性长期以来所依赖的这种假设，即他们是人类的典范，而女性不是。作为各种不同女性之间的互动结果，这些批评使我们看到了女性的经验和社会地位的理论前景（Lugones，1991）：即对存在的各种差异进行区别对待，而不是将它们过早——或永远——简化为一个普通的名字。我尽力在以后的研究中记住这点。

我对公共行政中性别困境的研究路径，是从探讨为行政权力辩护的这些描述——专业知识、领导和美德的形象开始的。这里我并不准备全面探讨公共行政（不管读者自身对它的定义是什么），尽管我认为确实需要这样。本书主要考虑的是某些理念对**规范**公共行政理论**某个**方面的影响。因为我们所想的问题和现实世界有着紧密的联系，然而（也因为我不想让读者觉得这种观点对他们自身的体验没有用处），我将从性别角度去探讨在当前公共行政实践中实际发生的事。第二章论述了女性作为政府雇员的历史进程，她们所经历的组织现实的特殊性质，女性在政治经济中的地位以及行政国家就此形成的问题。我探讨了这些因素对我们理解公共组织动态本质的影响，以及公务员在治理中所扮演的特殊角色。我认为，现实中，女性比男性得到更少工资，经常从事低层工作，女性并不符合所公认的管理层角色，女性在组织中经历的性骚扰，女性所经常承受的家庭和工作的双重责任，这些事实和公共行政现实世界里的许多其他因素一样，都是非常真实的，但是显然，观察者更为重视那些其他因素。我将指出，我们对行政国家的常识概念深深地植根于这种传统，即拥有特权的男性和符合他们的追求都是建立在女性和她们的工作之上的。

本书接着谈到了为公共行政辩护的三个形象，即女性面临的由性别问题所引起的困境。第三章探讨了专业知识的形象问题，因为公共行政人员是该专业的专家，所以公共行政是合法的。对专业知识的需要是当代公共行政的一个核心信仰，而且自从伍德罗·威尔逊提出政治—行政二分法以来，至少就一直如此。我对专业人员的专业知识统治模型的四个方面：客观性、自主权、等级制、兄弟关系规范，提出了质疑。我的观点是，专业知识的形象正如当前所构建的一样，基本上和当前所广泛认可的女性本质观念是不符合的，它需要建构一个包容女性的社会秩序。

第四章探讨了公共行政人员的领导才能问题，主张在一个标榜权力分立和利益集团政治的政府体制中，必须有人领导国家，才能够起到平衡或支点作用，才能够把人们团结在一起，使人们前进——也即有远见。我认为，这种对领导才能的考虑方式使得女性一直遭到歧视。公共部门领导才能的四种形象需要被考察：有远见者、决策者、象征符号、现实的说明者。这些领导层的理想原型正如被构建的那样，是和对女性行为的期望相冲突的，因此也使她们面临这种困境，即要求她们掌握好成为女性还是领导者的这种紧张冲突关系。我指出，当前的领导形象是不利于为行政权力辩护的。

第五章探讨了宣扬公共行政人员美德的观点，例如那些主张公共行政人员有合法性的观点，认为公共行政人员是公共利益的看门人或监督者，或"为了他人的公民"，或"英雄"，或"美德的模范"。我认为，美国政治历史上美德的形象基本而言是以性别为取向的，与社会生活分成公私领域的以性别为基础的区分相关联，这种区分不利于女性，并且使公共行政不能成为一种政治上有说服力的美德。

很明显，专业知识、领导和美德这三种观点模式是相互联系的；我将它们区分开来主要是为了分析的方便。在第六章，我将这三者与作为一个自觉的实体发展的公共行政相结合进行探讨，并指出在改革时代中，许多理念和观点有其产生的根源。讨论的目的是为了指出，女性的工作和思想是如何处在政府改革运动中心的：围绕着民主和效率、公共和私人之间的冲突，专业知识、领导才能和美德这些主题是如何形成这种修辞的，而修辞的形成基本上来源于女性的公益行动和社会对她们社会角色的理解。我认为，当前行政国家的根基主要在于女性的慈善工作被遮蔽了，因为男性改革者被政党政客描述为柔弱的，有必要通过使它"男性化"和公事公办，来使公共行政男性化。

最后一章，我回顾了本书的一些观点，即当前公共行政辩护内在的性别困境告诉了我们有关改革的方向，如果行政国家要成为一个对女性和男性都平等友好的领域。这一章提出了一些为公共行政权力合法性辩护的初步想法。在提出我所认为的女性主义定义后，与当前的女性主义理论相符合，我们必须开始改变（正如本书所做的），通过指出当前思想的某些方面，通过说出**不是**什么，至少能部分描述出应该是什么，对这种对比形成共识将有利于改变。要改变的薄弱领域在于那些性别已经渗入了公共行政的理念，尽管它力图保证它的中立性，但是很明显，仍然没有考虑性别问题。我列出了分析性别问题后重塑行政理论和实践的一些可能性。本书结论部分指出了对行政裁量权的规范理论进行深入的女性主义理论对策分析，可以视为实践智慧的演练，作为女性主义可能会改变我们观念的一个例子。

然而，从真正意义上来说，强求从男性和女性特质展现的区别形成新理论对我们来说只是部分正确的。我希望，它将激励人们反思公共行政一些未探讨过的假设，使人们意识到行政国家的结构方式是建立在女性对家务工作和付薪工作的双重负担上的。但是正如乌苏拉·勒古安（Ursula LeGuin，1974）所说的，"有挑战就有反抗……关键是走不同的路。"（p. 153）

本书中，我选择通过性别的角度而不是公共行政理论的其他方面为行政国家辩护，这是因为人们总是倾向于辩护和证明值得他们研究和实践的目标，而对我来说，目的是能使这个领域最核心的价值观变得更清楚。我的目的不是要作结论性的发言，本书所探讨的观点也是一样，而是要提出这个议题，激起人们的讨论。我探讨的许多主题都需要并值得进一步深入研究，我的一些观察也是不确定的。在我看来，从性别视野来考察公共行政仍然是一个开放的问题，这个问题最好通过最开放的对话来研究；我只坚持这是应该开始对话的时候了。

我认为，公共行政实践观点的影响是双重的。首先，公共行政男性化结构特征意味着，提升女性在公共服务领域的平等机会和肯定性行动策略作为纯粹公平的一种措施非常重要，但是并不能完全指望它们自身来改变公共行政事务的信条。只要我们观察到行政事业是无性别的，女性就仍然毫无选择余地（Hobson's choice），她们或是采用男性化的行政身份，或是接受官僚等级制中的边缘地位。

在任何一种情况下，形成行政理念的理论假设、知识定义和价值观——相应的是人们的生活条件——都可能保持男性化，正如现在对女性一样是不利的。

探讨公共行政理论的第二种影响是，观念的改变可能会影响现实生活条件的改变：对思想习惯和社会安排之间——公共行政理念和价值观与人们生活条件的系统不平等之间——联系的理解发展了，能够使人们采取具体的行动令未来变得更好。因此，我的观点是，改变公共行政"合唱"中的一些音符没有什么用，除非它的成员都意识到需要和当前的合唱唱出不同的音调，但是如果后者发生了，那么很多改变都将是可能的。

第二章 "在位但不在高位"：
行政国家中的女性

自从伍德罗·威尔逊发表了第一篇公共行政的学术论文以来，物质现实就对行政治理的形象产生了很大影响。威尔逊（Wilson, 1887/1978）的观点"**运行**宪法远比创建宪法要难得多（p.4）"，是根据公共事业所面临的新的经济和政治复杂性而得出的。今天对公共行政的辩护继续探讨这些因素的实际影响，如联邦政府体制、市场经济、利益集体政治、官僚制组织形式、财政和人力资源的特征、计算机化和20世纪末期美国行政国家的其他一些具体方面。如果不讨论这些，意味着要冒不相干的危险，这也是这个应用学科的理论家所尽力避免的危险。

但是，公共行政理论对影响行政实践的政治、经济和社会因素的性别维度很不敏感，这很奇怪。从他们对公共行政中其他结构和实际因素的关注来看，那些将公共行政人员作为专家、领导者和英雄的人，看来是相信在他们的研究中考虑"真实世界"是非常重要的。根据这个背景，他们对性别因素的不关心显示出，他们将它视为他们观察领域里相对不重要的因素。仅从为行政国家辩护的文献来看，人们可以得出结论：或是公共行政领域里没有女性，或是尽管她们在这里，她们参与的性质、她们在公共组织的生活经历、她们的事业机会和模式、她们的问题,和那些男性没什么区别,以至于研究的意义不大——或者至少不值得考虑进去——基于这些公共行政中的女性形象实质而言。

本章的目的是指出情况并非这样,并以此建立对这种文献批评的舞台。女性作为政府雇员已有超过125年的历史,从她们进入公共雇员事业的第一天起,她们就有其特定的工作经历、事业机会和她们特有的问题。我们应该就女性在公共机构存在的这个事实提出问题,而不是认为其存在是理所当然的,我认为,她们的经历不同于男性,而且这对她们自身的权利而言也非常重要。在我看来,我们对公共行政真实世界的理解——以及任何有关的理论——如果不考虑女性和行政国家的关系,都将是不完整的。我将要指出,公共行政领域的女性是典型的"在位",却一直很少"在高位",这种实际情况和其他任何完整的公共行政图像一样,对奠定坚实的行政基础至关重要。我的探讨从简短地回顾职业公务员中女性的历史和她们当前的地位开始;然后再继续探讨女性面临(包括那些在公共服务中的女性)的组织现实,在此,我认为女性面临的现实是和男性不同的;并继而探讨行政国家的性别维度,即女性生活和**公共行政**机制之间所共同形成的性别维度;最后,我反思了这些物质现实对行政治理辩护所带来的影响。讨论的目的并不是就该主题提出明确的说法,而是要提出问题,激起对话。

公共服务中的女性

1861年女性首先开始在政府工作,当时美国财政部雇佣她们来清点并整理纸币,以代替需要服役的男性。国会制定法律,以每年

第二章 "在位但不在高位": 行政国家中的女性

600美元或男性雇员最低工资水平的一半来雇佣女性。因此,女性使得联邦政府可以不用紧缩预算而满足当时关键的战争需求。一旦女性进了这个门,她们就一直在联邦政府工作;数钱在后半个世纪一直是女性特有的工作(Aron,1987)。

正如艾伦(Aron,1987)所指出的,在办公室里男女混合是一个大胆的尝试。从19世纪20年代起,女性就在工厂尤其是纺织厂工作,直到1831年她们还是那里的主要劳动力(Clinton,1984)。但是财政部所雇佣的女性并不是工人阶级"女孩",而是"女士",她们和职员一样是做白领工作的,而这违反了分立领域的观念——男性在公共领域,女性被限制在私人领域——这种形成中产阶级社会生活的观念。"政府部门明显是男性的地盘。人们只要看到每间办公室的痰盂就知道了。"(Aron,1987,p.163)然而对许多女性来说,分立领域的观念更多是政治意识形态,而不是经济现实。**经济**的公共领域,如工厂、磨坊和商店的世界,实际上都包含着男性和女性从一开始的日常"工作"变成搬到家庭外的工作。但是,自由主义者认为的**政治**的公共领域是和私人领域相区分的,与此相联系的是对女性适合的角色所广泛接受的观念,蓬勃发展的资本主义经济在利用她们的同时,也禁止她们得到完全的公民资格。分立领域的观念接下来排除了女性获得政治上的利益,而且也不能保护她们免遭经济窘迫。允许女性加入政府,即使是层次很低,对公共和家庭领域之间以性别为基础的城墙而言也是一次重要的突破,而不是政府和商业活动之间的真正阻碍。

女性进入政府雇员这个系列的基础和慈善工作不同,慈善工作尽管也有男性参加,但是从一开始就是女性的特权。女性闯进政府雇员的男性世界,"并不是因为(它)需要女性的善良、同情和关怀的影响,而是因为联邦政府需要便宜的劳动力,中产阶级的女性需要好的工作"（Aron，1987，p. 182）。到 1870 年止，政府雇佣近 1000 个女性联邦雇员，占华盛顿政府雇员总数的 16%。

艾伦（Aron，1987）指出，困扰当今女性的一些问题甚至早在她们进入公共机构的时候就已经很明显，包括性骚扰和歧视规定。例如，1864 年（在女性首次被雇佣的三年后），一个特殊的国会委员会曾经调查了"某些对财政部的指控"，即男性上级试图占女性雇员的便宜。1869 年，约翰·埃利斯（John Ellis）的《国家资本的视力和听力》评论道，"女性接受政府雇员身份就是其走上毁灭道路的第一步"（Aron，1987，pp. 166-167）。公务员委员会第一个年度报告观察到，新的绩效系统将会特别有利于女性求职者，因为它将使女性不再需要政治影响力，或是被迫去进行"纠缠不休的恳求，这尤其是女性所厌恶的"（Aron，1987，p. 100）。早在 1884 年至 1894 年，我们就发现了雇佣中存在歧视证据：在这一期间，女性占通过公务员考试人数的 28% 到 43% 之间，但是那些实际被雇佣的只有 7% 到 25%——反映了在特殊机构中任命职位时自由裁量权的行使（Aron，1987，pp. 109-110）。

根据哈利（Harley，1990）所言，在 19 世纪，申请和得到联邦工作的人员中有黑人女性；但是黑人男性得到了大部分较高的职位，"这些职位是华盛顿地区在整个 1880—1930 年中为黑人所保留的"（p. 163）。布鲁克斯·希金博特姆（Brooks-Higginbotham，1989）指出：

> 在 19 世纪末期，黑人女性在（哥伦比亚）区并没有和白人女性一样从职员工作中的女性化受益……种族主义使大多数人受限于家务劳动，因此，也使她们比黑人男性面临更少的提升阶级地位或工作条件的选择（pp. 131-132）。

第二章 "在位但不在高位":行政国家中的女性

因此,和现在一样,性别和种族共同使有色人种女性比白人女性在寻找工作时受到更多限制。

第一次世界大战是女性参与公共部门的一个标志性时期,它不仅加速了女性选举权的进程,而且也增加了由于战争进入有薪和志愿工作的女性的数量。美国国防委员会之下的妇女委员会协调了大量有关女性的活动,帮助家庭妇女更好地保存食物,和儿童局一起拯救了上千名婴儿的生命,调查了军工企业中女工的条件。"女大学生在农场劳动,女律师在豁免委员会工作,女制图人员(原文如此)在海军部服务,女外科医生在法国的医院上班。"(Lemons,1973/1990,pp.16-17)妇女们展示出,她们能和与她们合作或她们代替的男性干的一样好,对平等机会和平等薪水的要求也被提出来了。

女性主义者加速了推进平等工作机会的进程,并促成了妇女局在1920年成立,它是联邦政府中第一个特别关注女性需求的政策发展实体:

> 女性并不只是想要一个收集有关女性工作统计数据的机构;她们想要的是一个政府内部的特殊委员会,不断关注职业女性的需要。她们想要一个展示女性问题、提出女性观点的公开渠道(Lemons,1973/1990,p.27)。

如果说妇女局的成立受到女性主义者的欢迎,那么她们的欢乐很快就被新制定的法律打断了,这个法律使该局雇员不能拿到其他联邦雇员可以拿到的240美元战后奖金,法律还规定该局统计人员每年的工资标准在1800美元到2000美元之间,而当时劳动统计局的统计人员每年拿到的工资是2280美元到3000美元(Lemons,

1973/1990，p. 30）。

20世纪20年代，政府雇佣的女性数量不断增加，但实际上她们都处于行政雇员的位置（Lemons，1973/1990，p. 230）。哈利（Harley，1990）注意到，在1920年到1930年间，"联邦政府里的种族主义使黑人女性和男性不能获得白领式的工作机会……在位的黑人联邦雇员越来越被种族政策和做法所伤害，例如分隔的办公室、咖啡间和休息室"（p. 164）。公共行政学家应该注意到，这种趋势正是在伍德罗·威尔逊当总统期间得到他的批准开始的。①

随着大萧条的开始，这种排除性实践也被公开扩展到白人女性中。不断上升的失业率使职业女性尤其是那些已经结婚的女性压力更大，有限的工作被刻意留给男性，理论上而言，女性只是为了零花钱才去工作的。州和地方政府通过了禁止女性从事公共部门工作的法律；1932年联邦政府也通过了同样的法律。《经济法案》的第213节要求通过解雇某些"人"（person）即某人也在政府工作的"配偶"来裁减人员，委员会原来删除的词是"已婚女性"（married woman）而不是"人"（person）。许多女性被迫绝望地去寻找其他替代性的工作，这基本上是工资更少的工作；由于受到抗议，这条法令于1937年被撤销（Lemons，1973/1990，pp. 230 – 231）。

---

① 威尔逊为非裔美国公务员的隔离政策辩护，认为这是保护他们免受骚扰的一种措施。在回应纽约《晚报》主编奥斯瓦尔德·加里森·维拉德（Oswald Garrison Villard）和废奴主义者的孙子威廉姆·劳埃德·加里森（William Lloyd Garrison）的来信时，威尔逊评论道：

> 在一些部门主管的提议和建议下，几个部门中对有色人种雇员的隔离开始了，这是真的，但是这主要是维护黑人的利益，就我所知，一些非常有影响力的黑人也同意这样，因为这会消除许多部门里普遍都有的摩擦，或者说是不满和不和谐……我自己的感觉是，将某些部门和某些局的黑人隔离，我们将使他们在自己的位置上更为安全，也更少引起歧视（Baker，1931/1968，p. 221）。

第二章 "在位但不在高位"：行政国家中的女性

二战期间，女性涌入了她们之前被禁止从事的许多工作领域，尽管战后的重点是家庭化和"在一起"，女性劳动力的人数仍然不断上升，整个20世纪都是如此。1940年女性占所有受雇工人总数的26.5%，但是她们的人数到1960年为止已经上升到35%。同一时期，女性联邦政府雇员的百分比远远落后于私人部门的水平，但是也从22.7%上升到25%（U.S. Bureau of the Census, 1940, 1960）。

20世纪60年代中期，开始复兴的女性运动使得雇佣女性的比例又获得了新的提升，很明显，到现在它仍然是一个高峰时期。到1970年为止，只有33%的全职联邦政府雇员是女性，尽管她们到现在也主要是集中在低层位置上：只有3%的女性雇员处于13—15级，只有大约1%处于16—18级。到1987年为止，女性占所有联邦雇员的48.2%：14.2%的女性处于13—15级，6.9%处于16—18级（U.S. Bureau of the Census, 1990）。同样的模式在州和地方政府也可以观察到，1973年女性雇员占全职雇员的34.7%；1980年是41.0%；1987年是41.8%。1987年，州和地方政府官员和行政人员中，女性占29.1%，专业人员中女性占48.1%，技术人员中女性占39%（U.S. Bureau of the Census, 1990）。在1981—1987年间，女性被任命为州政府中内阁层次职位的数量翻番了（Hale & Kelly, 1989）。1992年初期发表的一个研究指出，州和地方政府中高级职位（部门首长、分部主管、代表和主管）的女性数量范围从最低的夏威夷州的13.9%到路易斯安那州的38.5%（"Few Women", 1992, p. A8）。

哈得逊研究所（Hudson Institute, 1988）的一个报告确认了女性雇员比例不断增加的事实，并将它称为"联邦管理者所面临的三大重要人口问题"之一（p.27）。报告在评估这种不断增加的趋势对人事政策和实践的意义时，承认存在男性和女性生活际遇结构性的

差异,并指出这种差异对政策决策可能会有影响:

> 因为联邦政府中的女性和社会中大多数女性一样,除了她们自身工作外,还将继续承担更多的家务和家庭责任,毫无疑问,当前的这些议题,例如日托、福利改革、更弹性化的工作时间、假期,以及其他的政策都将继续成为辩论的原因。随着女性成为联邦政府中决策者可能性的增加,在法律范围内,将会重新解释联邦政策中关于工作和家庭问题的内容,提出更以家庭为取向的政策(Hudson Institute,1988,pp. 26–27)。

有趣的是,报告注意到联邦政府承担了提供工作场合的日托服务,并在这方面走在前面,但报告也同时指出"照顾孩子的福利对大多数联邦雇员毫无价值",并提出一个"自助式"的路径即要求日托服务的雇员用其他福利交换。人们可能想知道,这个机构是否也会鼓励地方政府要求有孩子的交税家庭用火警保护或垃圾回收等福利来交换公共教育。①

1976年《公共行政评论》召开的公共行政女性研讨会,反映了人们对公共部门劳动力性别整合趋势兴趣的不断增加。研讨会的编辑内斯塔·加拉斯(Nesta Gallas,1976)——美国公共行政学会第一位女性会长——注意到有三个流行的主题:"对公共行政女性的歧视、公共行政中女性的代表性差、公共行政中女性的使用效果较差"(p.347)。讨论者都普遍反映了对"平等机会"这个问题的关注——拿现在馅饼中的一块,而不是去质疑它的成分。一篇论文则提

---

① 1987年,在州和地方政府雇员中,接近73%的雇员接受免费停车作为一种福利,但是只有2%的雇员得到日托作为福利(Peterson,1992)。

出需要对职业概念进行结构性的改变，呼吁这样一些策略，例如永久性兼职的晋升路径，夫妻的职业路径，对成就的评估"既考虑广泛生活经历上的成功，也考虑狭义定义的'为机构的服务'"（Stewart, 1976, p. 362）。然而，只有登哈特和珀金斯的论文（Denhardt and Perkins, 1976）开始提到这个话题，即性别对公共行政解释世界所用的一些概念性术语的潜在影响。他们探讨了女性主义者的观念可能会对任务取向、理性、效率的"行政人"（administrative man）概念的影响，并打赌：

> 女性主义者的思考方式对未来组织潜在影响的关键，可能最后是伴随激进女性主义者拒绝高人一等的统治（superior domination）的概念而来的——或是男性或是精英的统治——她们更加注意其个人经验的权威性……她们是……不愿意通过接受一些已认可的理论或结构权威，来放弃她们自身行动的个人责任的（p. 384）。

登哈特和珀金斯在"激进女性主义思想"中看到了复活公共组织个体成员个人责任这个概念的可能性，但是他们谨慎地注意到，仅有大多数女性的参与并不足以产生重大的改变，因为传统组织的女性仍将继续被迫服从行政人（administrative man）的模型。他们认为，改变需要女性主义者的积极努力，例如支持体制的形成、觉醒意识的兴起。

但是，一般来讲，公共行政领域除了反映女性在公共机构人数的增加和雇佣、晋升中的性骚扰或歧视等问题，几乎很少关注到女性。尽管女性在重要高层位置的相对缺乏的问题迄今仍未解决，但是女性相对男性在公共机构比例的稳步增加却是不容置疑的，也是值得欢呼的。在过去的 125 年里，女性在公共机构的参与数量大大地增加了，但是公共行政的规范理论家几乎完全忽视了这个事实，这就更令人困惑和产生问题了。

女性的组织现实

公共行政领域里的理论家可能会反驳指控他们忽视女性存在的说辞，组织是组织，女性只是雇员中的一部分——女性在组织里的经验以及她们的生活际遇和男性相比没有什么重要的不同。在我们的文化中有种奇怪的状况，我们花费了如此多的精力关注性别区别，它却仍然持续（Epstein，1988）。然而，我们可以简短回顾一下不同观察者注意到的女性的组织和生活际遇的一些问题，以帮助公共行政理论家提升对性别问题的关注，这样做似乎是有益的。我的假设是，如果有一半公共行政领域的人几乎没有考虑过行政国家合法性理论，那么就到了应该重新考虑这些论据的时候了。

谢泼德（Sheppard，1989）注意到，理解男性和女性的组织现实不同之处存在着实际困难：

> 在我们的社会工作中，达到成功就要承受巨大的压力，这种压力对在男性主导的环境中工作的女性来说尤为巨大，女性和男性形成他们经验的不同方式通常并不是很容易辨认的。正是当女性为了在"男性工作岗位"上获得成功，继续展示她们的能力，并且往往非常优秀时，我们才认识到在成功的表象下面，女性和男性的工作环境在很多方面是很不同的（p.141）。

第二章 "在位但不在高位":行政国家中的女性

据谢泼德所言,当男性的习惯做法和价值仍然非常明显地在组织中渗透时,将组织结构认为是客观和中立的就是一个意识形态立场问题。

她的研究指出,男性和女性都将组织中的性和性别问题(sex and gender)与女性特质相联系;男性化一般来说并不被认为是值得关注的,因为它非常容易和标准的组织流程相混合。谢泼德(Sheppard,1989)注意到,有时候女性的确经历了男性行为原型所导致的问题,但是对女性来说,公开指出这个问题,需要对现有规范进行根本挑战,所以她们经常重新确定问题情境,或是选择忽视这种紧张和矛盾,或是集中关注她们自身的身份——换句话说,将她们自身的行为或感情而不是男性的行为或感情,作为这种特别困难的主要原因。因此,对那些靠自我报告(self-reporting)的一些研究,尤其是女性被发现她们自身和通常的实践之间几乎没有什么不和谐的现象的这种研究时,我们必须审慎地进行解释。

组织中女性成员的问题是如何管理她们的女性特质。对管理者和领导者的期望(女性和男性都广泛认可)符合男性而不是女性的行为,所以女性必须小心谨慎地去平衡角色冲突。"这些女性如果不经常警惕性别(和性的)[gender (and sexual)] 自我展示的问题,就会感到她们在冒险,不被重视,不被倾听,甚至收不到信息。"(Sheppard,1989,p.145)大多数人试图将两者混合,一边展示女性的装束,一边用公事公办的(男性化的原型)态度行事。

古特克(Gutek,1989)的文献强调了女性在组织现实中所面临的另一个维度。他指出,一般来讲,女性是与性的目标这种状况联系在一起的——是性的存在(不考虑环境),会"自然地"引起男性的性反应:

在对32个国家的性原型（sex stereotypes）的研究中发现，性感、热情和有吸引力这些特点都是和女性特质联系在一起的……**对男性则没有那么强烈的可对比的信念**……男性的原型主要是围绕着能力和活动。这包括相信男性是理性的、分析力较强的、自信的、坚强的、较擅长数学（原文如此）和科学的、有竞争力的，是个好的领导……典型的无性特征（Gutek,1989,pp.59-60）。

因此，组织中的女性面临其特有的问题，即如何在不引起男性的"自然"性反应的同时，表现其女性特质。如果她们的确引起了这种反应，女性而不是男性通常被责怪为罪魁祸首。

文化上的女性主义特质并不适合韦伯的官僚制组织模型，后者强调工具理性和正式的关系，排除了感情。普凌格（Pringle, 1989）指出，因为韦伯的理性观念依赖于去除个人、性的和女性的特质（the personal, the sexual, and the feminine），因此可以被认为是男性化的掩饰。她提出，尽管韦伯将现代世界的官僚秩序视为对传统的父权制的替代，人们仍然可以将官僚制视为一种父权制的新形式："规则和目标明显的中立性掩盖了官僚制所服务的阶级和性别利益"（Pringle, 1989, p.161）。尽管很明显，实际上并没有真正符合韦伯理想原型的官僚制，但是我们通常对组织的理解——为了有效率地完成目标所用的理性工具——使得对性的感情成为禁忌；因为在组织中人们的性（sex）是有问题的，所以当妇女和被禁止的性联系在一起时，就会被拒绝。例如，米尔韦德（Milwid, 1990）注意到，组织中的男性和女性专业人员都力图否认性骚扰的存在。然而，她的研究指出，这种情况非常普遍，大多数都没有报告出来，这经常是因为工作中的男性有性反应时，女性经常倾向于责怪她们自己。

第二章 "在位但不在高位"：行政国家中的女性

哈勒和凯利（Hale and Kelly, 1989）在报告中指出，绩效系统保护委员会1981年的研究发现，48%的女性联邦职员经历过性骚扰，这其中有"严重的"骚扰，例如要求性贿赂，其中被视为是"不太严重的"（玩笑，暗示性的评论）则是平常的两倍。

韦尔斯（Wells, 1973）对组织中性别的**隐蔽权力**（covert power）的研究指出，女性的存在对男性而言是个双重约束，就此而言，这也展示出了组织现实中隐藏的性别的维度：

> 如果（男经理）接受女性作为经理，他就不得不接受他被压制的感情，即女性作为一个经理是OK的；如果他认为经理应该是没有感情的角色，那么他也不能接受女性（女性特质的）作为经理……
>
> 男性角色要求女性是被照顾的，而不是要相互战斗的。所以，许多男性感到陷入另一种双重约束：如果他是那种被描述的男性角色，他就不能把女性放在平等的（男性的）位置上；如果他就是他自己，将女性视为平等的，那么他就要冒险被其他男人视为"不那么男人"——或不像是经理（p.61）。

这样，男性也像女性一样，在组织里工作时就不得不压制或否认自己的某些方面。弗格森（Ferguson, 1984）认为，许多组织中的男性处于官僚制等级结构的下层位置，这使得他们的做事方式被组织外的人认为是典型女性特质的：例如，一般来说，组织中的男性必须迎合他们的上级，避免和上级发生冲突，对他们的怪癖变得敏感，等等。但是，他们对于要被视为真正男人的这种兴趣，的确使他们可以防止被看成行为的女性原型。坎特（Kanter, 1977）指出，组织中对看起来男性化的偏好实际上是对权力的偏好，因为领导的风格并不是和性别联系在一起的,而是和领导所处的位置的权力联系在一起的。在她看来,例如,男性和女性雇员都抱怨的女上司的作威作福其实并不是一种女性特质的特点,而是一些有重要职位但却没有实际权力的人的行为方式。因为现实中大多数组织的高层领导都是男性,组织成员仍然继续将有效领导和男性化相联系,并假设女性有问题的行为是和她的性别有关,而不是和她在组织结构或权力机制中的下层位置相联系的。①

  女性在不同的组织现实中最不能否认的方面,可能就是她们一直缺乏通往高层位置的通道。自她们首次进入政府工作一个多世纪以来,女性在公务员高层位置上仍然只占据了一小部分(1987年的联邦政府中,16—18级的女性只有6.9%),这种情况不断被解释为"**玻璃天花板**"(a glass ceiling),这是一种阻止女性参与公共和盈利组织中最有权力的位置的隐讳和有效的障碍。费尔曼(Fierman,1990)注意到,女性经理和主任在商业界一般占40%,但是美国1000家最大公司的4000个最高层的主管中,女性只占不到0.5%。种族和性别对成为公司高层主管都构成影响。1988年一个研究者对此有如下的评论:

  一般来说,白人男性在进入一家大公司后,每21人中就有1人可晋升为主管层。对白人女性来说,比例是1∶136。对有色人种男性来说,比例是1∶42。对有色人种女性来说,则没有比例,因为,(在1986年中期,当我们进行这个调研时发现,在大公司的主管层里没有一个有色人种女性(引自Kelly,1991,

---

① 鲍威尔(Powell,1988)的研究指出,男性与女性同事工作时间越长,他们越难以就性别原型来解释他们的行为。

第二章 "在位但不在高位"：行政国家中的女性

pp. 29 – 30)。

在 1990 年的研究中发现，少数民族女性占据了州和地方政府管理层的 5.1%（"Few Women", 1992, p. A8）。

分析家指出，很多女性不是组织领导者的统计结果，部分可归因于男性在协调组织要求和他们对女性的个人看法时的困难。费尔曼（Fierman, 1990）在报告中指出，一个猎头公司的合伙人这样评价这种状况：

> 公司里的男性仍然不知道应该如何对待女性。他们害怕对她们大喊大叫或是给她们负面的反应。他们认为这就好像是对他们的妈妈或妻子喊叫。男性经常担心女性会眼含泪水冲出房间，或者更糟糕，冲他喊回去（p. 41）。

1984 年范·弗利特和绍拉齐（Van Fleet and Saurage）的文献综述中指出，"公共行政专业人员对女性管理能力的评价仍然较低，尤其是相比受其他训练的女性而言。"（引自 Hale & Kelly, 1989, p. 27）

1991 年 8 月，劳动部发布了一个研究报告，对与联邦政府签订合同的《财富》500 强公司中的 9 个公司随机抽样发现，处于较低管理层的女性在晋升时比预料的要有障碍，并且发现少数民族的情况比女性（即白人女性）更为严重。研究总结出，"玻璃天花板"是存在的（一位女性主义领导者认为这个研究纯粹浪费金钱，因为它告诉我们的是我们已经知道的）。劳动部长马丁拒绝将这个研究结果解释为歧视的证据（Lawlor, 1991）。一个记者将研究中发现的"玻璃天花板"解释为对**新女性主义**理论的支持，即女性在男性已经制定规则的系统里去寻求公平是毫无意义的。相反，她们应该沿着更少等级制、更多女性特征的方向去重塑工作场所（Saltzmann，1991）。但是，其他人可能提出需要加强肯定性行动和平等薪酬政策的努力。

一位观察家假设，当越来越多的女性清醒地认识她们组织生活的现实时，她们的不满将会逐渐增加（Laws，1976）；这种不满是否只会导致面对那些看来不可超越的障碍的冷漠，或是转向更为积极的改变，研究者对此仍然不得而知。现在，对理论家们而言，重新思考他们对官僚等级制的概念模型，以便包含"玻璃天花板"的存在，这就已经足够了，"玻璃天花板"看来在官僚制结构中已存在了很久，而且在文献中也受到越来越多的关注。

标准的组织、职业生涯规划和人事政策都取决于承担照顾家庭和孩子责任的某人（即妻子）的存在。劳动力中的5600万女性在力图承担家庭义务的同时，也努力做好自己的工作，这种两班倒是她们的不同组织现实中的另一个因素。因为美国的政治经济指望女性作为处理这些社会必需责任的团体，而不管她们自己是否想要这样做，这种安排构成了对女性的压迫。那些怀疑女性是否承担了大部分家庭重担的人可以想象，如果有一天所有已婚的职业女性——或是那些未工作的女性，因为她们的小孩子"需要家里有人"——自己决定不再承担一半以上家务和照顾孩子的责任，组织的日常生活又将是怎样。职业女性的两班倒不仅意味着一天18小时的工作和与压力相关的疾病；它也使女性很难符合家庭责任不会干扰工作义务的这种雇主期望，因此，女性很难跟上（或快速前进到）通往组织高层阶梯的快速通道。这些冲突，或她们的前景，事实上使很多女性通过拒绝结婚或生育来处理家庭和工作的双重责任压力。哈勒和凯利（Hale and Kelly，1989）对亚利桑那州、加利福尼亚州、犹他州、得克萨斯州的公共雇员进行调研时发现，男性和女性对生活条件和家庭责任的回答非常不同：

> 女性更可能离婚或是从来没结过婚，独自生活，没有需要她们抚养的人……更多女性而不是男性认为生育、抚养孩子和家务是与她们的事业相冲突的……很多人通过不要这种传统家庭生活来解决这种传统的公/私角色冲突。这些女性并没有解决这种私/公角色冲突的历史困境；她们回避了这种困境。家庭责任看来更多是束缚了女性而不是男性的事业发展（p.144）。

金（King, 1992）在她对科罗拉多州政府高层人员研究时发现了类似的模式：她的样本中88%的男性结婚了，相比之下，女性中只有59%结婚。哈勒和凯利（Hale and Kelly, 1989）也注意到了这个事实，即尽管在她们的研究中，女性比男性回答者在官僚制内部改变工作的频率更高，并且年龄更小，但是她们仍然比男性少拿3000到5000美元，而且一般管理更少的下属。

当然，许多女性的生活际遇使她们甚至很少想起如何尽快晋升这个问题。正如安多尔森（Andolsen, 1986）所观察到的，有色人种的女性也比中产阶级的白人女性承受更多的"两班倒"的重担。

雪莉·威廉姆斯（Sherley Williams）称男性和女性平分家庭责任为"从未发生过的伟大变革"（引自Okin, 1989, p.4）。研究指出，女性仍然做约70%的家务，职业妇女则比她们的丈夫多花费两倍的时间。娶了职业女性的男性只比其他那些丈夫一个星期多做1.4个小时的家务活。这种不成比例的男性家务活中还包括相对较有趣的活，即和孩子玩耍（Rhode, 1988, p.1183; Hochschild, 1989）。奥金（Okin, 1989）指出，因为女性将她们是首要的抚养孩子者这种社会期望内化了,所以在婚姻关系中她们"注定容易"受到剥削(p. 138)。奥金说,因为商业界(我也要加上政府)的结构仍然是围绕着这样的假设,即雇员是有妻子在家的人,因此能够用全部(或更多)时间工作,"他们的妻子如果兼职或偶尔工作的话,在一定程度上,他们自己事业的潜在发展就会萎缩"(p. 156)。奥金(Okin, 1989)坚持认为,"与职业女性生活的丈夫和其他异性恋男性没有做更多家务的主要原因是**他们不想,并且在很大程度上,他们也能这样做**"(p. 153)。奥金指出,生活际遇——因此,许多女性的职业生涯——被近年来法律面前男女平等这种趋势所恶化;例如,在离婚后第一年,离婚男性的生活水平提高了42%,而离婚女性的生活水平则下降到原来的73%(Leonore Weitzman,引自 Okin, 1989, p. 161)。

性别原型使女性成为组织中的异类,她们在公认的官僚制实践的经济制度下承受了很多痛苦,因此,女性的组织现实和男性的完全不同。一方面,她们在组织、政府或企业内都不能很好"适应";另一方面,这些组织的标准流程也同样依赖她们对男性管理者事业提供的支持,她们不但要承担家庭责任的大部分,而且还要承担许多日常或者说待遇低、层次低的组织工作。绝大部分女性在行政国家或公司里所经历的组织现实是,做数据输入员、秘书、薄计员、维修员,而不是副总统或主管。刘易斯称这种职员工作为联邦公务员中"典型的女性工作"。他注意到在 1982 年,大约 49% 的女性联邦雇员是行政雇员,联邦政府里办事雇员中有 85% 是女性(引自 Hale & Kelly, 1989, p. 12)。除此之外,哈勒和凯利也指出,在州和联邦政府里,职业阶梯中为女性主导的位置一般有较低的入门要求,在等级中流动的可能更少,是高层中较低的位置。正如费尔曼(Fierman, 1990)所观察到的,"到 2000 年为止,女性将占接近一半的劳动力,但绝不是中高层。"(p.40)大多数女性在官僚制金字塔底层职员的角落构想她们在组织中的发展安排,或者是在家庭和工作中反复忙碌,绝望地去努力工作,以符合这种相冲突的期望。

女性和行政国家

人们对女性在组织现实中的大多数观察,既适用于公共组织,也适用于私人组织。但是,正如许多公共行政理论家高兴地发现的,在所有不重要的方面,公共组织和私人组织都是一样的。就上面展示的研究来看,我们可能不得不反对这种看法,政府和私人组织中,**所有**不重要的方面并不都是一样的。然而,它们之间的区别非常重要,这仍然是事实。但为行政国家的辩护却仍然很少或者说没有考虑过与女性相关的议题和女性在政治经济上的特殊地位。

目前比较流行的关于公共组织独特性的观点是与承认公共行政是治理的一种形式相联系的,这种观点可归功于介绍行政国家的当代理论家瓦尔多(Waldo,1948)。行政国家受到了很多关注(比如 Kass & Catron,1990;Perry,1989;Rohr,1986;Wamsley 等,1990),公共行政合法性文献认为官僚制中的决策需要辩护,正是因为它构成了治理的一种形式。可能因为这些研究都要对美国政治思想中的**无国家**(Statelessness)传统进行研究(Skowronek,1982;Stillman,1991),行政国家概念的许多含义还没有被很好地解释清楚。例如,范·里佩尔(Van Riper,1983)对行政国家特征的解释,就完全没有包括定义国家特征时所公认的政治,更别说权力了。

为了考察女性在行政国家中的位置,我们对国家这个概念的理解要比一般公共行政文献中的理解更为细致。根据波吉(Poggi,

1990）所论述的，现代国家是对权力制度化更普遍趋势的一种表达，即权力的形式更为去人化，以法律形式表达，并通过一种国家感情或公民资格的方式来整合进入社会整体。现代国家是一种更为复杂的组织机体安排，它所有的行动（除了少数重大决策外）包含各种具体的命令和执行；这些都是由等级制所制定和执行的，等级制中的官员掌握了应用法律和解释法律这些技术知识，事实上，他们是行使自由裁量权的行政人员。

　　国家宣称在"制定商业规则"或作计划方面有垄断权（Poggi，1978，p.1），即自由多元主义认为是区别于社会其余部分的一种功能。即使刚开始学习政治经济学的学生都知道政府和商业明显是互相依赖的，但是自由主义对国家的定义仍然坚持认为，为了保持个人偏好和个人活动自由的空间，国家必须有着清楚的界限。但是正如米歇尔（Mitchell，1991）所观察到的，"产生和保持国家和社会之间这种区别本身就是产生权力资源的一个机制。"（p.90）他认为，当代政治并不包括基于这种区别而形成的政策和政策影响，而是包括"这种区别的生产和再生产"（Mitchell，1991，p.95）。这个重要的观点使我们对花费在保持国家和社会之间界限的非常明显的努力产生了疑问：对这种界限继续存在的兴趣，至少从理论层面上，成为我们要审视的合适目标，而不是将之作为一个已经认可的假设。

　　将这种思考方式应用在公共行政上——即，对完全独立于**私人领域**的所谓**行政国家**现象的坚持进行质疑——我们不得不问：作为构建和辩护这种坚固界限的结果，到底什么被遮蔽了？历史上公/私区别就被用来为保持政府和商业之间明显界限的观点辩护，也用来证明"人类（男性）"（man）自身活动不受政府干扰的领域的存在。同时公私二分法也被用来区别政府和商业活动**两者**以外的家庭领域。没有一种区别很好地服务于女性；相反，两者都遮蔽了女性的需要，

第二章 "在位但不在高位"：行政国家中的女性

使女性成为理论上异常的人。为行政国家合法性辩护的这些术语将这些不协调更清楚地展示出来。

在最近探讨行政国家的文献中，很多注意力被放在击败对官僚攻击的需要上，他们的方式是使公共行政人员所做的事情看起来比较特别。理论家将行政国家描述为一种独一无二的存在，目的是提升官僚的形象——避免把公共行政人员看成是没有利润就不干活的商业经理（用这种术语来判断，的确是令人同情的人）。但是我想指出，这忽视了围绕行政国家界限的一个主要功能之一，就是一方面遮蔽了它对女性家务工作的结构性依赖，另一方面也闯入了女性生活最私人的方面。

自古代起，政治哲学家就通过将国家和家庭作对比来美化国家。亚里士多德赞美**城邦国家**，是基于它能自给自足；在他看来，因为男人（man）的本质就是政治的，所以，**城邦国家**在所有事务层次中是高于人类生存所必需的家务活动的（Aristotle，1981）。因此，政治的本质也就高于必需的家务（Brown，1988）。马基雅维利也持有相同的观点，他认为管理国家的本领是对命运的掌控：政治美德（Political virtue）（vir是指"男性"）包括控制事务（matter）（mater是指"女性"）——控制一个明显是女性的**命运女神**（fortuna）（Pitkin，1984）。这里，国家的事务被再次看成是区别于并高于分配给女性的事务。自由主义哲学也指出了在家庭中男性的"自然"权威和基于同意的政治权威之间的严格区别。例如，洛克认为政府的主要职责是保护个人的财产权利，但是避免将这些权利扩大到女性，因为这样将会威胁整个社会秩序，他假设了女性要承担抚养孩子的义务，本质上是较低地位的（Clark，1979）。卢梭的理想国家是依赖于将家庭作为一个避难所的存在，在这里，男性公民能够从公共生活的要求中撤退，使他的身体和感情需要由女性满足（Lange，

1979)。

美国和法国的革命时期提供了这种以牺牲女性为代价的公共领域的审慎秩序（deliberate ordering）的例子。美国的建国之父约翰·亚当斯（John Adams）在设计新政府时，他的妻子阿比吉尔（Abigail）警告他要"记住女性"，于是他在头上轻拍了一下。阿比吉尔·亚当斯知道她提出了一个严重的并有潜在威胁力的问题。约翰·亚当斯对一个男性同事说出了他的焦虑：

> 多数人统治少数人的权利，违背他们的意志……是怎样产生的？男性未经女性的同意去统治她们的权利又是从哪里来的？……你会说，是因为她们的娇弱使她们不适合去体验和经历生活上的许多大事……也不适合国家的艰苦事业……这是真的。但是这些理由不也适用于其他人吗？先生，根据这个，开始这种富有成果的争论根源的探讨是很危险的……新的要求会被提出；女性会要求投票权……每个贫穷的男性，也会和任何其他人一样，在国家所有事务上提出平等投票权（引自 Rossi, 1973, pp. 10 – 15）。

兰德斯（Landes, 1988）对革命前法国公共空间的发展进行了研究，提供了以牺牲女性为代价建立的公共和家庭领域审慎秩序的另一个明显例子。在18世纪法国的君主制下，**沙龙**这种制度提供了男性和女性可以讨论公共事务的唯一空间。**沙龙**是女性主持的，提供了男性在公共领域行动所必须学习的风格、语言和方式，并且提供了探讨重要问题的场所。兰德斯认为，被国王绝对权力"女性化"的男性，逐渐认识到了女性在**沙龙**政治对话中的角色类似于国王对政治生活的垄断权力。男性逐渐将女性的沉默消声和对重构的公共

第二章 "在位但不在高位"：行政国家中的女性

空间不参与视为挑战君主制的必要因素。

兰德斯（Landes，1988）指出，一旦这种曾被去除了男性化的公共领域能够被构建，当女性试图重建公共语言，并试图展示某些她们自己的观点时，女性就违反了政治行为的规则。看，因为女性被公共生活所排斥，这种不同难以用语言表达，女性只能在被视为小事情的话题上面发言，而不能参与探讨男性视为公共领域的普遍话题——我们公共行政现在称之为**公共利益的对话**。在公共领域和它的对话的男性化方面，我们可以指出一个小的但是非常重要的暗示，即和对**公共男性**（public man）的尊重相比，不知从何时起，**公共女性**（public woman）这一术语暗指"妓女"。

重构我们对公共的看法——因此对行政国家的看法——包括质疑我们围绕行政国家所划的界限，这种界限将女性排除出去，现在则让女性矛盾于是否为了参与而试图"变成男性"。首先，我们必须开始质疑国家一些特征的独特性。例如，弗兰兹威、考特和康奈尔（Franzway，Court and Connell，1989）观察到国家并不是唯一的权力机构，甚至并不是它唯一的**合法**持有者。家庭也是权力关系的一个所在地，父母对他们的孩子行使合法的权力（很少真正的伤害）。他们也注意到，行政国家并没有使它自身避开那些私人议题，相反，它形成并实施了许多影响我们最隐私的行为的政策，例如有关离婚、生育控制、堕胎的这些政策。爱泼斯坦（Epstein，1988）提出，许多公共政策的术语，例如劳动保护法和禁止妇女服役的法律，并不只是简单地**反映**了社会的性别区别，实际上是在保持和加强这种区别，甚至有的使女性处于不利地位。弗兰兹威等人（Franzway et al.，1989）注意到：

> 国家并不在社会"外面"……性别关系形成了一个大范围

的结构,以其特定的方式包括了所有的社会机构……国家和任何其他机构一样,基于同样的基础参与了这种动态机制(例如,反映了上一代女性雇佣历史的全部变化)……国家限制了暴力的使用,保护财产,将认为是不良的性定义为犯罪,体现了男性的等级制……国家在构建性别分类(同性恋,妓女,家庭主妇,家庭主夫)的时候扮演了重要的角色,并通过政策和强制来管制这些关系(p.52)。

和其他自由主义者对国家的看法一样,公共行政对行政国家的辩护取决于国家对广义上理解的公共利益的忠实支持。从这个角度来看,使公共行政人员和其他人不同的一点是,他们首先对共同利益而不是他们的个人利益忠实。这种理解使真正的(不是抽象的)公共行政人员进入一个有别于普通人的阶层,他们有能力使自己超脱于个人利益,进入一个考虑普遍利益的世界。在当代理论家表面上抛弃了威尔逊的政治—行政二元观,并承认官员自由裁量权的内在政治本质的时候,大多数人还没有考虑如此热衷于否认性别(也包括种族和阶级)发展的官僚制动态机制,能否被用来信任,以判别普遍和部分利益。尽管偶尔有理论家会强调行政国家在促使发达资本主义动态发展时的作用,但是,大多数理论家都承认它不可避免与利益集团政治发生联系,它对于构建维持性别区别这种机制的作用——大多数是不利于女性的——还有待探讨。很明显,哪里有**性的**(sexual)政治,哪里的政治—行政二元观就仍然会主导着公共行政理论。

第二章 "在位但不在高位"：行政国家中的女性

结 论

本章展示了公共行政理论所忽视的实践世界里女性现实的一些维度。当公共行政学者普遍都在承认这个领域是应用学科，探讨如何使他们的研究更能回应实践者需要的时候，公共行政真实世界的一个方面却一直没有受到注意——性别的动态机制。女性于1861年首次进入政府工作以来，她们在公共机构的生活体验就和男性完全不同。女性得到的薪水更少，承担了大多数常规工作，奋斗于如何使她们自己适应男性定义的组织现状，思考如何在不丢掉工作的情况下超过男性的领先地位，努力期望在她们所做的家务和工作要求上取得平衡。那些已经努力奋斗到中等阶层的女性发现她们碰到了一个玻璃天花板，这使女性中只有不成比例的很少一部分能担任高层职务。

自古代起，男性就定义了公共生活的本质，即和女性的追求相反。尽管事实是没有房屋、热饭、衣服、抚养小孩，就没人能活得很久——城邦国家的对话当然也会很快停下来，但是男性历史上仍然将这种"女性的工作"视为在他们之下；当他们依赖于女性去做这些必需的事务并且一贯如此时，他们宣称他们自己更适合于统治，亦即对什么是共同利益给出固定的答案。多年以来，通过和他们所不做的事情——换句话说，女性所做的事情——相对比，男性理解了他们所做事情的重要性并欣赏其价值所在。同时，他们并没有将性的角色（sex roles）完全交给儿童的社会化来完成：通过国家的活动（最近以来是行政国家的活动）他们限制了女性的选择，仅仅是基于女性的性别。

下面将探讨女性所面临的不同组织现实的其他一些情况，我们没能在构建行政治理的辩护与专业知识、领导和美德的形象时将它们考虑进来。这里，我只简单介绍了一些行政国家以性别为基础的特征，以指出理论家对它们的认知早就过时了。

第三章 "善于磨刀"：专业知识的困境

为行政国家辩护中，最普遍深入的主题之一就是公共行政人员的专业知识。学者和实践者一样，都认为行政治理艺术中的能力包括公共行政人员在行使他们的裁量权时有某种程度上的权力。争论的焦点并不是这个基本问题，而是相对次一级的问题，例如专业知识的具体性质，或者说公共行政从逻辑或者策略来看，是否是一个职业。

例如，摩根（Morgan，1990）问道："在行使其（自由裁量权）权威时，公共行政人员到底有什么特别的能力或是应该具有什么样的能力呢？"而不是问"专业知识能为权威辩护吗？"（p.70）。高斯罗普（Gawthrop，1984）提出疑问："管理技术"是否能够复兴"政府艺术"（p.106）。他承认赋予行政人员这个责任是有争议的，但是在他看来，它"只能通过永久的、职业的公务员来有效解决"（p.106）。"黑堡宣言"指出我们是否称公共行政为一个职业，最重要的是承认它"与其地位相应的真正的独特能力……（也即），这些能力能够保持：（1）机构的前景；（2）最广泛认可的公共利益；（3）宪法上的治理过程"（Wamsley et al.，1990，pp.47，39）。普尔（Pugh，1989）观察到，对公共行政来说，职业地位的重要意义在于"传统民主价值观和治理过程中对高级专业知识需要之间的协调,这是公共行政寻求合理性的一个基本谜团"(p.5)。西格(Cigler,1990)看到了公共行政"职业化的矛盾":我们越试图职业化,我们在公众中的地位就越低。然而,她呼吁公务员"为普遍的公共利益更积极地游说",而不是使他们去质疑赋予他们权力的能力(p.649)。

当这个领域的一些作者坚持对公共行政职业地位(professional status)的美德抱有某种程度怀疑的时候,他人则力图重塑职业主义的概念,以便服务于公共行政合法性的需要。例如,斯蒂弗(Stever,1988,p.171ff)拒绝了以公共行政人员不能完全控制他们自己工作的传统职业模型,而且提供了公共行政职业化的一个策略,在他看来,这是一个包括承认它的"关键性"和获得"神秘性"的事业。纳尔邦迪安(Nalbandian,1990)强调了地方政府行政人员的"用理性和分析性来解决问题的能力取向",如果没有这些,他们看来"很难和政客相区分"(p.659)。基尔尼和辛哈(Kearney and Sinha,1988)提出了迄今为止可能对公共行政职业地位最热情洋溢的辩护:"(我们同意)这些著名的人物,如亚里士多德、约翰·斯图亚特·密尔、伍德罗·威尔逊、马克斯·韦伯,民主体制的保存依赖于政府中专家们的能力……职业行政人员越来越扩张的角色有益于官僚制的回应性。"(p.571)

公共行政人员专业知识的本质从理论上而言是范围很宽的。它看来包括专业的(科学的、技术的和/或是管理的)知识,分析和解决问题的技巧,拥有远见和广阔视野的能力以及其他的认知能力,但是也包括规范性的能力,例如对宪政治理过程的独特理解,或是在特殊情况下对什么构成了公共利益的理解。第五章在讨论公共行政人员的美德时,探讨了其规范性的能力;这里我想讨论的是技术和管理方面的专业知识问题,尤其是和职业主义相关的议题。

第三章 "善于磨刀"：专业知识的困境

公共行政职业的专业知识有四个方面包括了性别困境：对科学客观性的宣称，对自主权的追求，它所寻求的权威本质上是等级制的，以及兄弟关系这种潜在的规范。在考虑这些问题时，我的目的是指出以上四点都取决于在文化上宣称男性特质和价值观，对女性特质的轻视，并假设一个不利于女性的社会秩序。我指出，当前这种专业知识的形象是有问题的，因为它们鼓励我们看待公共行政实践的方式实际上是有性别偏向的，并支持对女性的歧视，尽管我们力图用中立性或普遍原则的观点去看待事务。公共行政合法性的基础在于将行政人员作为专家看待，这种论证的结果是女性和职业整体所面临的矛盾，本章以对这个矛盾简短的讨论作结。

客观的专业知识

自从伍德罗·威尔逊和弗兰克·古德诺将客观性和中立性作为论述宪政民主中行政专家合法性的主要基础以来，它们就一直被不断引用。为了"宪法的运行"，威尔逊（Wilson, 1887/1978）指出，"很明显，（公共）行政的这种实践科学"必须注意其专家的方法是实践性的，不管是在商业界还是欧洲君主制国家（p.16）。借鉴这些看来明显是外来领域的技巧，我们并不需要担心，理由是这些专家的方法本身就是中立性的。在威尔逊提出的一个著名的隐喻中，他指出：

如果我看见一个杀人犯善于磨刀，我可以学习他磨刀的方式，而不去理会他要犯罪的意图；因此，如果我看见一个拥护君主制的人管理一个公共组织时，干得很好，我也可以学会他的管理方法，而不改变我共和制的观念（p.16）。

威尔逊的论点只是美国进步改革运动中最为普遍、熟悉的一个表述：需要使治理摆脱偏见、腐败、领袖主义的政党控制——那个时代的浪费、欺骗和滥用——通过将治理权转交给中立的专家。在威尔逊看来，改革的问题不只是将流氓赶出来，以便保证民主体制下科学的行政专业知识的权威性；解决方法是在行政和政治中建立一个二分的原则。行政方法可以从任何渠道获得，只要应用它们是没有偏见的——我们就可以从党派政治中解放出来。古德诺（Goodnow，1900/1981）甚至使这个二分原则更为清楚：保证公众意愿不在实践中腐败的唯一方法是使它的执行完全由行政人员负责，即独立于它的表达者——立法机构。

依赖其中立性的政治—行政的二分原则使得行政治理的合法性在半个多世纪以来得以保存，但是在20世纪40年代，执行战争政策的一些紧急事件，清晰地显示出行政和政治不可避免要纠缠在一起，它的荣誉也瞬即失去——或者说这个领域思辨历史的传统智慧也不再了，尽管大多数观察者都认为中立性这个概念已经过时了，但是我们的常识假设仍然认为在实践中，专家型的行政人员能够超越他们自身的信仰和政治冲突，将其注意力放在广泛认可的公众利益上。但是正如哈罗德·塞德曼（Harold Seidman）所认为的，如果说1937年总统的行政管理委员会（布朗娄委员会，the Brownlow Commission）的报告标明了政治—行政正统观的"正午"时刻的到来，那么一些人的"钟表很明显停止了摆动"（引自Rosenbloom，1987，p.78）。像一个世纪前的改革思想家一样，今天的理论家也继续将公共行政人员视为——至少在理想情况下——能够公平地将价值观和客观事实分离开来的客观的专家。罗森布鲁姆（Rosenbloom，

1987）注意到了这种"行政文化"的持久力，它坚持不懈地追求效率、经济、科学、事实和管理。

一直以来，这些对专业知识的客观性和中立性的假设充满了性别矛盾。西方思想史上最持久的模式之一，是将认为是无偏见知识的成就和男性化联系在一起的，而将"自然"或那些我们所发现的和女性联系在一起。弗朗西斯·培根（Francis Bacon）将科学方法看成是对女性自然（feminine nature）的坦白诱惑："我追随你来发现真理，自然，她所有的孩子都为你服务，并使她成为你的奴隶……因为只有跟随你，仿佛这就是她追求的内在本质"（引自 Keller, 1985, p. 36）①。科学方法和它的成果并不"只行使对自然路径的温柔指引；它们也有战胜和征服她的权力，震动她的基础……任何一个男人都应该毫不犹豫地进入和深入那些洞和角落，当追求真理是全部的目标的时候"（引自 Harding, 1986, p. 116）。当自然被看成是要追求和征服的女性时，知识的寻求者，至少自笛卡儿以来，就是为了知道和控制（know and control）而保持分离的**一个独立的自我**（a separated self）。为了避免结果出现偏见，知识要远离观察这种无序的和女性特质的领域（Bordo, 1987）。这种求知模式（this mode of knowing）文化上的男性化，目的在于抹去研究过程中科学家个人的所有痕迹，以防止污染（prevent contamination），这也体现了它的结果**硬数据**（hard data）的特征，它和通过互动程序如访谈或参与性观察（participant observation）中获得的**软数据**（soft data）相区分。正如凯勒（Keller, 1985）所指出的，对硬数据而不是软数据的这种

---

① 亚当斯（Adams, 1991）提出，培根宣称我们必须对自然"拷问以迫使她回答我们的问题"。类似的，伽利略提出在发现探索自然时，需要"强奸感觉"（a rape of the senses）。

偏好是文化上对男性特质而不是女性特质偏好的反映,也是男性在科学和其所服务的社会内部历史上主导地位的反映。①

许多女性主义学者认为,由于西方社会中男孩倾向于将自我发展和成熟等同于获得自主权和独立于他们的母亲(Chodorow, 1978; Gilligan, 1982),因为男性仍然很大程度上控制着社会过程,所以只有通过不同于观察领域所获得的知识,才能被看成是符合"科学的"术语——也只有**这才是真正的**知识。凯勒(Keller, 1985)指出,这种知识本质的狭隘观点能够流行,是因为历史上西方社会中(白人,受过良好教育的)男性已经设立了知识发展的要求。在这种情况下,符合男性看待世界方式的一系列规范变成普遍规范也是可能的。随着时间流逝,整个社会也逐渐将这种特别的规范看成是普遍的规范,而其他获得知识的方式则被看成是有限的,如果相比较而言不是一种错误的话。②

中立性的理念在政治思想史上被看成是等同于客观性的,这是作为美国政府基础的经典自由主义的一个基本原则。为了保证个人自由和平等,自由国家必须在个人偏好方面保持中立性;国家只是作为一个仲裁人,管理这些人竞争的过程。然而,正如女性主义理论家所指出的,人们注意到自由思想——国家同它合作而形成的——程度,依赖于不断从公共空间中排除女性,而本来这里应该发生的是政治平等的竞争。正如玛丽·亚斯特(Mary Astell)在1700年所说的,"如果所有的男性天生是自由的,那为什么所有的

---

① 哈丁(Harding, 1986)注意到,女性主义对分离的、男性化自我(the detached, masculine self)的批评和非洲民族主义者对欧洲个人主义的自我(the individualistic Earopean self)的批评有惊人的相似之处。

② 这些观点在公共行政领域上更为深刻的讨论,见斯蒂福斯(Stivers, 1992b)。

第三章 "善于磨刀":专业知识的困境

女性就天生是奴隶呢?"(引自 Jagger,1983,p. 27)

当政治理论家将君主制的存在和女性的次要地位相一致的观点合理化的时候,自由主义宣称,基于人类理性原则的个人自由使得女性成为政治哲学家的一个问题;逻辑规定,或是女性作为人类是理性的,因此和男性拥有平等的自由,或是尽管她们也是人类,但在理性上某种程度上是有缺陷的,因此应该禁止其参与公共生活。克服这种困境的典型方式是宣称女性在理论上是平等的,但是在实践上基于工具性的理由继续来使女性不平等,例如,所谓的保持家和家庭完整性的需要。例如,洛克认为尽管理论上女性是自由的,可以克服她们"自然的缺陷",但是她们身体上的脆弱使得实践上她们处于次要地位(Butler,1978)。因此,今天的女性可能比男性更难把政府中立性的这种自由主义观点看成是没有问题的。国家对女性从来没有中立过——事实上,当威尔逊和古德诺提出行政中立性的时候,女性仍然不能投票。威尔逊是在布林莫尔学院(Bryn Mawr)教书时写的著名论文,如果他当时听了他的学生(都是女性)在投票权问题上的意见时,不是轻视和以恩人态度对待她们的话[1],他可能就会更谨慎地提出这个结论,即在"宪政原则上更为重要的辩论",就"不再是更需要去做事,而是行政本身的问题"(Wilson,1887/1978,p. 4)。

客观专业知识概念的有效性主要是相信用理性去获得知识是有

---

[1] 在他的日记中,威尔逊抱怨道:"对当代年轻女性讲授关于政治的历史和原则,就像是对石匠(stone masons)讲授服装时尚的发展一样合适和有利。"(1887年10月20日,引自 Bragdon,1967,p. 143)布莱登(Bragdon)评论到,威尔逊并不相信高等教育适合女性。直到1918年,威尔逊还在继续反对女性选举权,当时好战的支持妇女享有选举权的人(militant suffragists)在白宫外张贴引自他在国会同盟讲演的话来羞辱他,如"'给世界自由',但是不给家自由。"

用的。许多观察者提出,19世纪期间,职业的发展包括对以牺牲感情为代价的理性价值的夸大。布莱德斯坦(Bledstein,1976)注意到,当时对理性化的重点强调主要来源于中产阶级男性的焦虑,如害怕"证明他自己坚强和能干——是个男人"的失败威胁,"竞争中输了并妥协了"(pp. 114 - 115)。哈贝(Haber, 1964)对科学管理的研究指出,科学的信念如何通过对组织过程的引导和控制的兴趣将无私和严格的标准引入管理中。吉兹伯格(Ginszberg,1990)论述了使社会工作职业化的渴望是如何使中产阶级女性志愿工作的价值被贬低成为必需的,而后者又是基于女性特质本质成为非理性的:"逐渐的,男性的价值观被看成对控制和限制女性感情、敏感或激情(emotion, sensibility or passion)的流露是必要的;那些敏感性的东西或是要臣服于法律和体制,或是让它们变得完全无效、甚至危险。"(p. 173)

当然,当时的男性和女性都将女性特质的感情看成是对职业判断公平性(the impartiality of professional judgment)的一种威胁,后者通常被认为是取决于实行不带感情的理性。扬(Young, 1987)解释说,公平意味着"能够看见整体",这也意味着能够"在当局之外和之上",这种行动只能通过远离情境的、分离的自我(decontextualized, separated self)才能达成(pp. 60 - 61)。公平的理性的人通过去除情境的细节来消除不确定性;通过有助于看见所有可能的超然分离(detachment)这种状态,理性的人不再需要和真正的个人接触、咨询。除此之外,变得公平还意味着被理性**统治**——也就是不只是简单的具有理性,还要将"思想的客体通过公约数归纳为普遍准则"(p. 61)。这种理性包括不受感情的影响;"只有通过去除不是理性的愿望、情感和躯体,公平才能获得它的完整性"(p. 62)。相反,基于同情性的理解、关心(sympathetic understandings, on caring)

而来的决策被定义为是感情用事的。

对无名[①]**的激情**（passion for anonymity）鼓舞了布朗娄委员会的行政人员的理想原型，它看来有助于实现这种公平——非人格化——通过使行政权力不受政治影响，它对于判断行政权力是否合理非常必要。但是实际上，当行政人员自身变成一个越来越松散的团体后，这种无名变得越来越难以维持了。只有看到行政人员的个人身份确实对他们的行动没有任何影响时，他们才能够保持这种所谓的无名的姿态。人们要有对无名的这种激情，只有当人们愿意并能够认同——如果不是在心里，至少在实践上——公认的行政机构的观点和做事方法（agency viewpoints and methods），而对直到最近还被限制在官僚机构边缘或完全禁止参与的人而言，这种行动是有问题的。随着女性和有色人种逐渐渗透到公共组织的决策过程中来，机构里的每个人通常都持有同样的规范标准，这种假设变得越来越不可靠了。相应的，代议制理论（例如 Krislov，1974）强调了雇佣人员要反映其管辖区的人口成分，它不只假设人们的观点被他们的种族、阶级和性别所影响，而且实际上将这种联系视为获得官僚制回应性的一种资源。

人们可能会抗议，公共行政领域里人们不再认可这种对无名的激情。但是学者们还是继续为行政裁量权辩护，认为它代表了机构的观点而不是任何个人的观点。最众所周知的辩论来自瓦姆斯利（Wamsley）和他的同事（1990）。他们认为，机构是"专业知识、历史经验、悠久的智慧，最重要的是，与一种特定社会功能相关的

---

① 在文中，无名是指行政人员不再是以个人身份出现在政府中和大众眼里，而是以行政人员这个群体中无名的一员出现，他所遵循的观点和方法都是机构的、组织的，而不代表他自己。——译者注

在某种程度上对公共利益的共识……的聚集地"（p. 37）。所以，机构毫无疑问是——而且理所当然是机构观点（agency perspective）的代言人，行政人员个人通过机构观点披上了机构身份的外衣，这样，他也减少了决策的风险。个人作为为机构整体服务的可靠代理人，在这个意义上他是无名的。然而，机构中这种公认的观点，尤其是有历史因素的观点，看来是由当时组成机构的人的身份而形成的。一个大部分都是白人中产阶级男性职业成员的机构会发现，它更容易认可黑堡宣言理论家所提出的一般观点，机构成员身份更分散的则不是这样。黑堡的观点，尽管它力图严肃地看待这种情境因素，但是仍然陷入了和布朗娄委员会对无名的激情同样的概念陷阱，也就是它没能考虑到一个个狭义的个人所提出的观点的狭隘性，也没有考虑到逐渐增加的公共部门劳动力的多样性对获得共识的影响。这里，我并不认为提出一个一般的参考框架是不可能的，或者是达不到的；我想强调的是，客观性准则所要求的对身体和对生活经验的过度分离，使理论家对某些价值观、方法的普遍性和发现共识的容易程度估计过高。只有我们在理论和实践上都将当前这些**他者**（非白人、非男性）的观点、价值观和看法融入机构的观点，我们才能真正完全理解公共行政的实践。这些他者原来主要是这些机构、组织服务的对象，而现在他们日益成为机构、组织里的人了。如果机构的观点真是要代替原来的无名行政人员起作用，那么我们必须探讨机构观点所构建的方式，考虑这种机构人员多样性所带来的改变的潜力。

47

第三章 "善于磨刀":专业知识的困境

职业自主权

职业主义文化体现了独立的民主党人的激进理念,一个思想解放的人力图在每一个世间领域释放自然的权力,一个自我管理的人在一个开放社会行使他受过训练的判断力。维多利亚时代中期,职业人员力图达到某种有自主权的个人主义水平,这种未受到挑战的权威位置在当时的美国生活中还闻所未闻。

(Bledstein, 1976, pp. 87-88)   43

19世纪布莱德斯坦对职业主义发展的研究适当地强调了自主权的概念。社会学文献里许多职业主义的观点都围绕着对工作的内容和条件的控制,并将之作为其定义的内容之一(a defining feature)(如 Vollmer & Mills, 1966)。职业的知识和它在实践中的应用被认为是如此专业,以至于没有外行有资格评判个人实践者的能力或是这种职业本身。专业人士保留了评估他们适合从事何种工作的权利(right),同时保留了管辖他们自身的权利。这些权利非常集中,从而反映了其他职业主义定义的特征(如专门的知识,或是对这种服务的许诺),但是在实践中缺少自主权的许多工人在文献中被称为是**半职业**(Semiprofessions)(Etzioni, 1969)。就现在的框架而言,可能这是值得注意的,在对半职业的讨论中,通常给出的例子如社工、护士和其他所谓的健康管理人员——主要都是女性从事的工作;这意味着能否宣称其职业是否有自主权的确受当时团体中性别因素影响。

正如摩舍(Mosher, 1968)经典地指出的那样,在职业领域著名的自主权是与公共行政人员回应公共利益的义务相冲突的,他们必须对选举的或政治上任命的官员解释其行为。然而,尽管摩舍提出了这个观点,但是实践上当前公共行政人员的许多形象仍然意味着,他们拥有高度的自主权。罗尔(Rohr, 1986)将公共行政视为是三权分立体制下的平衡轮,它会选择在特定情况下遵循几位主人之一(行政、立法或司法)。同样,奥莱利和威兹(O'Leary and Wise, 1991)提出,行政人员可以根据他们的执行特权是否受到侵蚀而选择合作或是拒绝特定的法庭决定。对公共行政理论家来说,整体上他们都更担心如何将合适的价值观输入行政人员心中,以便他们明智地行使权力,而不是如何对他们的自主权实行限制。① 对行政裁量自主权行使的限制因素,如公务员管理条例、对公民参与的要求、或是适当的程序规则,都经常被当成是官样文章,被认为是对行政有效性的阻碍因素(如 Wilson, 1989)。

对行政有效性的考虑,长期以来一直存在鼓励了支持行使行政裁量自主权的主张。怀特(White, 1948)观察到联邦主义者"非常害怕政府无效",这也在某种程度上暗示出它潜在的男性化(p.510)。亚历山大·汉密尔顿(Alexander Hamilton)尤其力图保证联邦的行政长官会有足够的权力去制衡立法机构的非理性,并且能够积极有效地参与政策制定和实施过程。汉密尔顿对行政部门"精力"(energy)的考虑一直持续到今天,并且体现在行政人员对自主权权利(the right to autonomy)的主张中。

---

① 就弗里德里希和芬纳(Friedrich, 1940/1984;Finer, 1941/1984)之间在这个议题上的经典辩论而言,弗里德里希的立场,即对行政权力的最终支配权是行政人员对公共利益的内在责任感,一段时间以来,相比于芬纳所坚持认为的要用具体的外部制衡权的看法,这种观点是占了上风的——可能从那时起,对自主权是否实行限制,这本身也是有争议的。

第三章 "善于磨刀":专业知识的困境

在最近的文献中,有时有将公共行政人员视为人民或公共利益的**代理人**(agent)的主张出现。卡斯(Kass, 1990)指出,法律上,代理的这种理念来自于减少由不受约束的个人组成的政治经济所产生的分离,其方式是使他们设身处地替别人做事。代理人可以代表他人工作,但仍然保留相当程度上的个人和道德上的自主权。卡斯注意到,"在最早的时候,那些为他人工作的人通常是家庭的依赖者或是被束缚的仆人,他们实际上只是**父系家族**的延伸"(p.115)。因此,代理人的理念随着剥夺(不管是否是有意识的)和女性(**家庭依赖者**)或下层阶级(**被束缚的仆人**)相联的一种暗含的无力感(powerlessness)而不断发展。瓦姆斯利(Wamsley, 1990)的代理人形象,尽管也反映了为他人代理的类似重点,但主要是强调代理人负责权力的行使。瓦姆斯利承认了在代理机构两种解释间固有的冲突:一种是负责人**通过**代理人行事(等同于卡斯所提出的**父系家族**的延伸),另一种是代理人代表负责人行事,但是并没有具体的命令要求。尽管代理人可能会获得行事有效性,但是只有负责人才有真正的自主权。对瓦姆斯利来说,公共组织对目的理性的需要,使得它更倾向于支持代理行政人员有自主权(事实上,是一个**舵手**),但是他承认舵手仍然必须服从政府其他机构的命令。

公共行政自主权形象的学术争论包括某种程度上对代议制政府足够的回应性,它反映出一种性别困境,因为我们通常认为服从和女性相关,自主权和男性相关。找到一种包括回应性、服从公共意志、遵从政府其他部门的法律命令,而同时又不包括女性特质方式的斗争,反映了保持这种分离自我——代理人——的努力,即我们通常理解的男性化的核心特征。男性化体现于自我、认识者、行动者、主体,而他者,即被认识者、被动者、客体——这些是女性特质的(De Beauvoir, 1961)。正如扬(Young, 1987)所描述的:

作为一个女人，生活的一个基本内容是永远有被注视的可能性，你将只作为一个光有身体、被其他主体渴望和操控的潜在客体来展现自身的血肉之躯，而不是作为一个有着行动和意志的活着的行动者被看待（p. 66）。

公共行政人员的自我形象是一种去看、但也被看的角色。就这个方面而言，讽刺的是公共行政人员正如德·波伏娃所描述的女性：作为人类，公共行政人员是主体，但是他们也是不同主人（机构长官、立法机构、法院、广大人民）的被注视的客体。像女性一样，公共行政人员必须经历这种矛盾。行政裁量权理论所采用的形式意味着，对自主权的宣称包括不自觉地对潜藏在行政人员回应性形象下女性特质的否认。①

专业知识的等级制

对自主权的宣称同时也是对权威的宣称，尤其是在政治情景中。许多研究进步时代的作者评论了职业官僚兴起中的这个因素。例如，斯克罗奈克（Skowronek，1982）指出，反党派人士对19世纪新职业阶级的"好政府"的攻击，其目的是阻碍党的政客们将"最好的文

---

① 在戴伯（Derber，1983）一个类似的但是以阶级为基础的分析中，他指出领薪水的专业人员丧失了作出关于工作目标决策的权利，但同时他们也有补偿性的权利，例如地位和技术上的自主权；因此他们的专业知识是服务于他们所不能选择的目标的。戴伯认为，官僚制的专业人员不愿意行使违反其自身利益和价值观的机构目标的程度，反映了他们潜意识否认被无产阶级化的程度。

第三章 "善于磨刀"：专业知识的困境

化和最高层的知识权力"从有影响力的位置上去除的努力（p.43）。韦彼（Wiebe，1967）使人们注意到，中产阶级和上等阶级对社会复杂性、流动性和失序的观点是如何成为提升官僚的专家权威的基础的。哈伯（Haber，1964）提出，一旦那些有能力的人领导社会，那些相互冲突的目的在"事实"规则下消失，那么效率这种进步时代的理念就会实现社会和谐。

正如布莱德斯坦（Bledstein，1975）指出的，"民主社会比其他类型的社会更要求可信的权威的有说服力的象征符号。"（pp.123-124）19世纪和20世纪早期的专业人士能够获得这种可信性，主要是基于他们所受的高等教育和"吸引他们的'科学'的普遍性和客观性"赋予他们的威望。因此，进步时代领导者亨利·劳伦斯·甘特（Henry Lawrence Gantt）非常讨厌"争论政府的社会理论"。在他看来，"真正的民主只有当男性被赋予其使用权威的能力和愿意服务与公共利益相适应的权威时才能达到。这种男性是天生的领导者，所有的人都会服从他"（引自 Haber，1962，p.48）。

科学管理运动加深了专业知识权威性这一理念；泰勒（Taylor，1911）不只区别了组织中思考的人和做事的人，而且也将前者提升成明显的控制者。他相信普通工人不能理解科学，而后者正是工作系统化的基础；因此，将专业管理者——思考的人——放在主管工作组织的位置，将有利于效率，而同时工人将通过执行管理者的目标来履行他们的责任。

在很大程度上，对职业权威的宣称是以将权威执行简化为一种依赖状态的术语来表达的。这经常是伴随着危机、非正常状态、灾难这些言辞而来的。因此，正如布莱德斯坦（Bledstein，1975）所言，"职业主义的文化利用了美国人的弱点——他们害怕暴力的、突然的、灾难性的和无意义的力量。"（p.102）在中产阶级将世界看成是处于危险的毁灭时期的时候，专业人士重新使他们确信并许诺用必要的专业知识打败这些威胁，因此鼓舞了"服从和消极的公众态度"（p.104）。韦彼（Wiebe，1967）将进步时代描述为"对秩序的追求"，表达了相似的观点。复杂性——都市化、工业化、移民、劳工抗争——这些都激起了广泛的焦虑，而且尤其是在精英中，他们通过"寻求专业技能"去"压服所有的失序"（pp.76-77）。

人们可以在伍德罗·威尔逊关于行政研究的论文中发现这种冲动，论文是这样开始的，社会的复杂性使得行政专家成为必要。曾经，"政府的功能是简单的，因为生活本身也是简单的"。但是现在，"当前贸易的复杂性、商业投机的混乱……常年不断的劳工冲突……呈现出……恶兆的画面"（p.4）。当然，解决办法是行政的科学化和不"爱管闲事的"公众意志。现在的理论家同样论证，有必要促使行政人员行使其裁量权。例如，朗（Long，1981）提出，政治僵局和政府其他部门的政策观望的趋势使得公共行政人员治理的权威成为合理的。维尔达夫斯基（Wildavsky，1990）很惊讶，在一个"反对提出要求"的政体里，"我们能诋毁等级制……而仍然提倡公共服务吗？没有对权威的尊重能形成一种有效的官僚制吗？"（pp.xvii-xviii）。

职业权威性——社会复杂性的二元论有其深刻的性别原因。正如我在其他文章中讨论过的（Stivers，1992b），至少自近代早期开始，在自然中所看到的复杂性、神秘性或威胁一直是和女性联系在一起的，可能是因为她们承担生养孩子责任的缘故，男性将女性视为和自然更接近。魔法现象通常被认为是女性的象征，是自然失序的一个例子（Merchant，1980）。国家的男性化领导控制不守规矩的、女性化的大众，这种形象是西方政治哲学史的一个著名特征。例如，马基雅维利的国家形象就是女性的躯体，男性的头。真正的王子使人民"服从、感激和忠诚"(Brown, 1988, pp. 87-88, 109-110)。约翰·诺克斯提出国家躯体的统治者（头或精神）必须是男性，因为女性的统治将是恐怖的（Merchant, 1980）。从女性主义的观点来看，这种二元论的存在代表着英雄式的男性化自我精神的内部复杂性对世界的投射。对权威和控制感的威胁一定是来自于世界，而不是来自自我内部的。扬（Young, 1987）注意到，这种二元论是等级制的，而不是对称均匀的：自我和世界不只是分离的，而且自我一定要俯瞰世界。

将公共行政人员视为权威性的专家形象，对实践中占据着**他者**的从属和女性化地位的三个团体来说，有很多问题。首先，专家型的行政人员将**客户**的生活经验和政治要求转变为能够被以官僚制处理的去政治化的**需求**，因此使客户从能处理他们问题的有目的的代理人变成为政府服务的消极接受者（Fraser, 1990）。从行政角度来看，最好的客户是听从建议的人，他们没有违规的问题，对得到福利充满感激；换句话说，他们想要的客户，不论在性别上还是文化上都具有女性特质。第二，专业知识等级制的特征阻碍了和**公民**真正对话的潜在可能，因为公民不被认为是专家，所以他们的观点更容易被打折扣或去除。对行政人员来说，最好的公民只是表面存在的而不能真实存在，他们将公民参与理解为跟随者、支持者、批准者而不能平等对待他们。最后，专业知识等同于高等教育，阻碍了官僚制中非职业化的**工人**的流动性，他们中的大部分人都是女性和有色人种（Allen, 1987）。这种抑制共同利益的观点，阻碍了职业和非职业女性之间形成联盟（Franzway et al., 1989）。因此，职业专家能力的权威性使客户、公民和其他工人女性化——这里很清楚，**女性化**是指一种政治而不是生物状况。

雷恩和沃尔夫（Lane and Wolf, 1990）对秘书类工作的提及

（在文献中很少）反映了对职业权威内在的认可，却忽视了这种观察的性别角度：

> 职员和行政支持类的员工在有效维持政府行政过程中扮演了一个被低估但却是基本的角色……正是依赖这种类型的员工，主管才能够知道打电话给什么人，避免犯什么样的错误……（和）是（机构）力量、缺点、社会习俗和敏感之处最可靠和最完整的宝库……不幸的是，这些能力通常和低级职位相联系，所以他们的重要性也没有被注意到，他们的绩效也只换得了很低的薪酬（p.69）。

在谴责他人忽视基层员工重要性的过程中，雷恩和沃尔夫很明显忽视了这个事实，秘书类员工几乎全部是女性构成的——或者说，即使他们注意到了这点，他们也明显没有注意到这一点的重要性。在指出低级别和低权威的（low-status and low-authority）雇员对机构有效性的重要贡献上，他们值得表扬；但是在忽视性别因素以及性别在使非常多的女性公共雇员保持在低收入、低权力职位上所起的作用方面，这种观察则强化了这种趋势。

兄弟关系

1915 年，全国社会工作者委员会的先驱亚伯拉罕·弗莱克斯纳（Abraham Flexner）（他关于医疗教育的报告加速了医生职业化）评论道："一个职业就是一种兄弟关系（brotherhood）……职业活动是非常明确，非常吸引人的，在义务和责任上非常丰富，以至于它们使它们的信仰者如此忙碌。专业人员和他们家庭的社会生活和个人生活因此都倾向于围绕着这个职业核心来组织运作。"（引自 Glazer & Slater, 1987, p. 175）弗莱克斯纳的观察强调了职业主义在公共行政文献中几乎被忽视的一方面：即它是一种子文化，一个团体，一个协会。对专业人员来说，组合在一起形成一个正式的协会意味着设立一个公认的能力标准和行为准则，以便保护公众（Lubove, 1965）。但是正如每个塞尔兹尼克（Selznick, 1957）的学生都知道的那样，像职业主义这种社会现象的制度化并不是一个正式组织的中立性的体现，而是有其价值观的创立。当他们聚在一起时，职业成员采用共享的规范和共同的看世界的方式。这种职业文化使他们和社会其余部分相区别。韦彼（Wiebe, 1967）注意到："通过技巧方式得到的认同使（进步时代的专业人员）他们的邻居顺从……其专业共享的神秘性，使得更大范围的亲密交流成为可能。"（p. 113）

职业对同样思维方式的强调使其有排外性的危险，即其来源于归属性而不是学习性。历史上，对类似种族、性别和阶级的人们进入的限制看来加强了这种职业成员之间的信任联系，使他们确信以他们所共同认可的方式能够很容易地共享观念。当职业没有了基于种族和性别的正式限制后，在这些规则下建立起来的成员资格的模式降低了这种取消限制的速度——甚至今天，例如，医疗和牙医协会的存在对非裔美国人来说，意味着有色人种并不认为主流社会对他们多么友好。无论如何，专业人士有一种常年不变的趋势，即提出他们独特的观点，使他们主要的工作神秘化，以掩盖直觉和猜测工作，而这种工作实际上是对那些所谓的"科学"判断起了支持作用的；专业的这种排外性也确保表面上"合法性的面纱"仍然起作用，即不清楚实践有不确定性的那些人会容忍这种专业权威的合法性（Glazer & Slater, 1987, pp. 238-239）。

但是对职业这种兄弟关系来说，简单地拒绝多样性还远远不够。正如弗莱克斯纳所注意到的，职业工作被期望是全方位来吸引人的精力的；因此，它要求一个家庭的意志要围绕着职业工作的要求运作，要提供生活必需品，要对事业全心全意地作出贡献，以便专业人士不用花费时间来担心这个。劳斯（Laws，1976）称之为：

> **英雄的男性专业人士的神话**……一个工作努力的典范，被用来作为评估所有其他工人的标准……他的工作是他生活中最重要的事情……（他的）事业要求如此之高，以至于要排除其他主要的承诺……英雄的男性专业人士牺牲了"自私的"考虑，如个人和家庭的生活，以满足他的事业的要求（p.36）。

因为英雄的男性专业人士是一个理想原型，它设立了绩效标准，拒绝或不能"牺牲自私的家庭需要"的工人被认为是没有成就的、不能信任的、不值得提升的。因为女性仍然承担了家庭生活中更多的重担，也因为大多数女性都仍然被社会化，相信其家庭需求的重要性是排在事业成功之前的，所以她们构成了这些"没有成就的、不能信任的、不值得提升的"工人中的大部分。力图承担事业和家庭工作双重重担的女性会发现，她们自身是在假装能够完全集中在办公室工作，假装她们孩子的问题从不介入她们的组织生活中。当她们提出她们不能在晚上和周末加班时，老板逐渐认为她们比起她们的男性同事更不能奉献，或是更不能努力工作，因此她们在晋升时也被忽略掉。

因此，**兄弟关系**这个术语是合适的：职业的成员资格对女性来说是和男性情况不同的，是有问题的。女性要成为专业人士，必须清楚如何缩小她们自身和被认可的成员规范——一个"真正"的成员看起来和行动起来是什么样子的理念——之间的差距；她们必须在做到成员所期待的奉献工作时处理更多的困难。在当前的职业的子文化中，女性是合适的，不管女性如何努力学习行话，都倾向于被认为是外来者。

职业主义和女性

总结和回顾将公共行政人员作为专家形象的方式，让我们考虑一下渴望得到职业专家地位的女性官僚所面临的挑战。正如现在应该清楚的那样，我的观点是，基于公共行政人员能力的合法性辩护是有问题的，因为公共行政人员的形象被认为是有利于男性特质的，诋毁或是压制了女性特质，依赖的是一贯保持将女性放在有关生活机会和资源不平等的位置上。或许有一种关于能力的思考方式，它没有将传统的女性特质视为低级的，并使女性处于不利位置；但如果有这种方式，问题并不是用专家能力作为公共行政合法性辩护的基础，而是使用专家能力的这个概念。为了充分理解这个困境，让我们探讨一下上文提及的对公共行政领域中女性的影响问题。

一般来说，对女性的影响是**女性**地位和**职业专家**地位的不和谐。职业行政人员被期望是技术专家，是客观的和公平的；他们被期望毫无困难地（或至少没有明显的异议）领会他们机构的观点；他们被期望展示其权威的自主性，自己去行使裁量权判断；他们被期望和职业中具有同样思维方式的同事共享世界观、价值观；他们被期望将他们的工作视为他们生命中最重要的——贡献足够长的和不受打扰的时间，将工作的要求放在个人要求之前。社会对女性的期望则几乎在每个方面都极端相反。女性被期望善于体察他人的感情，关怀和照顾他们；在机构设置中（正如我们在第二章中所见），她们被认为是不同的，甚至是有问题的；尽管对她们继续服从的希望减退了，她们仍然被期望是对男性负责的，她们心中，仍然将婚姻视为家中的头等大事，是高于她们自己的独立和自主权的；她们仍然被广泛认为是没有权威的，并且不适合行使权威的；她们的价值观被认为是不同于男性的，而且是更没有价值的（Gilligan，1982）——因此她们对职业的同样思维方式的程度是不同的；她们被期望将家和家庭放在（或至少等同于）事业之前，承担家庭责任的重担。

因此，在事业上追求做一个职业公共行政人员的女性面临着两难选择——作为女性的期望和作为职业专家的期望之间的根本的不和谐。正如我们所看到的那样，职业特征不只在文化上是男性特质的，而且，它们也认为男性特质高于女性特质，并设定了这种使女性难以符合职业期望的结构安排。因此，提供给女性一个平等追求公共服务事业并通过官僚制体系晋升的机会，而同时这种事业要求的典型特点仍然和女性的期望不一致，这明显是有欺骗性质的。

重点并不是指出许多女性自己已经成功地做到这点。如果没有不断努力去在工作上管理她们的女性特质（例如，处理如何显得有权威又不男性化的这种问题），没有不断奋斗去平衡工作和家庭责任，她们实际上从来就没有做到过。当许多男性或许也感到在他们自身和职业专家所要求的角色间有一些距离时，他们从来不必在做专家和被看成男性化之间作选择，他们也几乎不需要承担某种家庭义务，这通常是女性承担的，它会严重地干扰工作（当他们这样做时，他们的事业也遭受危机，因为他们的态度会被看成是没有职业精神）。

因此，将能力看成是公共行政合法性基础的辩护包含着一种逻辑和一套社会安排，其中女性和女性特质是处于不利位置的。在总结时，我想要强调指出，不只是女性，职业本身都在和性别矛盾抗争。以上我提出公共行政对自主权的强调，对不只是听从命令而且是行使自由裁量权判断的强调，在文化上都是一种男性化的特质，是和女性原型要求回应的义务相冲突的。人们可以辩论说，公共行政的政治角色的其他方面是类似女性特质的——例如，服务的规范。在文化意识形态的层面上，是女性服务他人，而男性是被服务的对象；女性无私地奉献以帮助不幸的人，而男性追求自我利益，尽管有时候也有很多变数。如果说公共行政人员不同于其他专家的是他们服务的责任和回应性，那么他们作为一个团体，也像女性一样，并不很符合职业的角色：职业主义对公共行政的女性化方面而言，太男性化了。在这种情况下，宣称公共行政的价值在于**职业性的**、**舵手**、**代理人**、**客观的科学家**和**匿名的专家**这些术语，其本身就是获得男性化、压抑女性特质或将之排除在外的一种努力。在这种意义上，公共行政不只是男性化和家长化的，它从根本上否认了自己的本质，结果从概念和实践上使自身枯竭了。女性并不是公共行政中唯一面对这种性别困境的人。理论家可能会赞美服务于公共利益的官员的美德，他们负责，有同情心，但是这种论点将面临阻力，*54* 除非我们认识到回应性、同情心和服务在文化上是女性特质的，否则，基于上述理由，在公共行政中，我们对它们的观点是矛盾的。 *55*

第四章 "看着像个女士,行动像个男人":领导的困境

理论家经常为行政裁量权的行使辩护,认为它能够满足公共领导的需要。其基本原理基于美国政府和政治体制的本质。学者和实践者都倾向于将这个体制描述为复杂、混乱以及破碎的权力,而所有这些都阻碍了治理。逻辑是这样的:联邦体制充满了权力分立和相互制衡,竞争性利益团体的冲突性需求驱动着政治,所有这些不仅使权力不能联合,也使得治理非常困难。在这种情况下,非常需要有稳定工作和远见的人,需要那些能看到不拿争论和阻碍来烦扰近期议程的人,那些有发展策略和长期规划的人,那些能使事情朝着同一方向运转的人,那些拒绝为了短期利益而牺牲基本能力的有政治要求的人,那些为处理顽固社会问题有新理念的人——能有足够的权威和权力将秩序和理性带进政府这个混乱领域的人。从结构上讲,因为职业公务员制度包括持续性、稳定性,并在整个体制的广泛范围内管理,所以它是寻找这种领导远见最理想的地方。

在第三章里,我论述了公共行政利用美国政府和政治的破碎的本质来为其职业自主权辩护。这里我指出,这种明显的复杂性和政治混乱也同时证明了以下的观点,即当领导者有掌舵国家这条大船的足够远见和一定的行政管理水平时,公共行政人员将会获得其他

政府人员和广大公众的尊敬。这种为行政裁量权辩护的方式我们将它看成是一种组织现象，一个管理的形式，而在上一章我们将它看成是一种职业的功能。

公共行政的组织角度强调了成功实现机构目标的重要性。例如，杜瓦和哈格瓦（Doig and Hargrove, 1987）对公共部门领导者的研究指出，"因为分裂和分权创造了阻碍'有序'革新权力的相互制衡……将需要那些有天赋的男性和女性，他们将能够定义新目标，在公共和私人利益之间创建联盟，承担这种庞大的多元社会所要求的其他艰巨任务。"（pp. 19 - 20）典型的行政领导者，依靠其远见、干劲和野心，在他们发展和驾驭组织时，将尽可能在机构和社会中留下他们的印记。杜瓦（Doig, 1988）吸收了约瑟夫·熊彼特的研究，将这种领导者描述为企业家：他们是理性的和自我的，他们有"创建一个私人王国的愿望……战斗的冲动，以证明自己更优秀"，他们是受"创造的欢乐、做事情做到底的喜悦，或只是使用精力和创造力的满足"而驱动的（p. 21）。另一方面，特里（Terry, 1990）则对这种有企业家精神的领导者模型不满，但是他仍然认可领导的重要性。在他看来，一个好的领导者是一个保护者。特里吸取了巴纳德和塞尔兹尼克的研究，他指出，一个行政精英对于保护公共组织的"制度完整性"是非常必要的——即为了"保护组织作为行动的工具"（Barnard, 引自 Terry, 1990, p. 404）和维持组织的"特殊能力"（Selznick, 引自 Terry, 1990, p. 404）。因此，尽管特里不认可这种积极统治他人的企业家精神的领导模型，但是行政人员通过保留他们机构的核心能力，仍然打上了他们自己的印记，并且为了承担和提升重要的社会价值，显然肩负了一个领导者的责任。凯勒（Keller, 1988）批评了他在文献中所看见的对达成目标的过度强调，尤其是那些重点强调"技巧性的控制和缓冲"；但是他的结论也是呼吁有效的宪法规定的管理型领导者（constitutional manager-leaders）（pp. 71 – 72）。

米歇尔和斯科特（Mitchell and Scott, 1987）提出，为公共行政辩护的论据是非常有力的，当它们以对公共部门领导者的需要为基础时，尤其是当这种需要一般或者至少潜在地与职业的专业知识含义联系在一起时。对领导概念的论证绝大部分是用私人企业框架下发展起来的组织理论表述的，它们

> 提出只有少数人有能力和远见去领导，这些少数人像行政人员一样，在互相依赖的公共和私人组织里工作。更重要的是，行政人员有权利从他们的组织里获取经济好处，而不用被怀疑是经济剥削。他们做了只有少数人才能做的工作，因而是应得的（Mitchell & Scott, 1987, p. 447）。

这些论证就公共行政中的女性地位提出的问题，和我们的智识情况和物质现实有关，尽管我们通常没有意识到这点，但是这些的确塑造了领导的形象，并因此形成了我们的理解。例如，我们可能首先想要问的是，为什么领导（leadership）这个理念有合法性的影响，尽管还没有什么无可争辩的证据显示**领导**这个变量实际上对认为它是重要的情境有显著的影响：

> 几十年的学术分析归纳出了 350 多个关于领导的定义。在过去 75 年，仅学术上有记载的，就有几千个对领导者的实证调研，但是还没有对领导者有别于非领导者的清晰理解……从来没有什么研究花了如此长的时间，如此大的精力，却什么也研究不出来（Bennis & Nanus, 1985, p. 4）。

第四章 "看着像个女士，行动像个男人"：领导的困境

毕竟，对这种研究，我们看来最能确认的是，领导的一部分是个人素质，部分是随机应变的能力。然而，著作、文章和会议论文却不断为了解决公共机构存在的问题，而呼吁"更好的领导"。"领导"变成了公共行政的**燃素**（phlogiston）——一种神秘物质，在发现氧气之前，它被认为是火的成分。我们不断依靠这个模糊的概念，这说明它的功能是意识形态上的，在这个词的两种意义之上。领导是一种重要的文化神话，我们使它有意义，并在组织和政治经验上赋予其重要性；此外，领导是对现存的政治、经济、种族和性别安排制度的持续起到支持和合法性作用的一个理念。

在下文中，我将领导视为在公共机构内部维持对女性、尤其是有色人种女性和工人阶级女性歧视的现存模式的一个形象，来进行研究。在西方工业社会中，组织领导者的形象是白人、职业男性占统治地位时发展起来的，因此它反映了那些历史上占据领导角色的人的个人特征、世界观、价值观，这并不令人惊奇。结果是，那些不是白人、男性或专业人员的人倾向于更不适合——或者，更准确地说，被认为更不适合——领导的形象。那些不符合这些要求中的两点或三点（例如一个做辅助员工工作的有色人种女子）的人，可能比起那些只不符合一点的人在进入和占据领导地位上更加困难。①

我对领导形象的探讨将从公共行政和商业管理的文献开始，总结组织中领导的形象对我们来说意味着什么。这里的讨论批评了关于领导的四个形象：将领导者视为有远见、有指引公共组织所必需的洞察力和扩展的理解力的人；将领导者视为决策者，能负责并使

---

① 特拉维斯（Travis，1991）给出了非裔美国男性和女性被他们的公司或公共机构的同事视为领导（更不用说是称职的员工）时，他们对于自己所经历的困难的个人描述。

组织前进的人；将领导者视为象征，能影响和激励跟随者的人；将领导者视为现实的定义者，能告诉或展示给他人他们工作意义所在的人。然后，我将回顾关于女性领导者（women leaders）的理念，包括男性至上主义者原型（sexist stereotypes），和认为女性因为她们的生活经历和价值观倾向于扮演与主流所不同的更互动、更有益形式的领导的观点。接下来，我讨论了女性领导的困境，即一方面，领导角色和组织功能之间存在的基本冲突；另一方面，领导角色和女性性别之间存在的基本冲突。我提出，领导形象和女性规范之间的不同迫使女性去努力协调这种冲突性的要求——"看着像个女士"对应"行动像个男人"——不管男性对领导的个人观点如何，他们都能够避免这种冲突。从这个角度来说，文献中对女性"不同"的领导风格的长处和优势的乐观主义——当女性成为领导时，她们会改变组织的观点——至少是值得怀疑的。本章从这个观点出发，对基于提供公共领导能力而力图使公共行政合法化的适当性进行了一些反思，并以此作为结论。

对领导者的描述

在政府办公室的复杂环境里要成功地执行创新性活动，可能有三个重要特征是非常关键的：进行系统理性分析的能力；预见社会所蕴含的机遇的能力；"创造不同"的渴望——将其精力和个人声望都投入到争论中来，以便带来变革。

杜瓦和哈格瓦（Doig and Hargrove, 1987, p. 11）

一个成功的组织，正如前人所说，要求有三种人：梦想家、

第四章 "看着像个女士，行动像个男人"：领导的困境

商人、王八蛋。今天最好的领导者，这几种素质都要有。

波茨和贝尔（Potts and Behr, 1987, p. 201）

正如这些引文所说明的，大多数对领导者的讨论都包括对领导者关键素质的描述，大多数讨论都指出了领导者的远见、决策或掌控力，激励或鼓舞的能力。也有人认为，领导者帮助我们找到我们所做事情的意义——用书面语言来表达，就是告诉我们工作的意义所在。

让我们首先通过探讨远见的含义来开始对组织领导者的描述。这个主题充斥于公共行政和商业管理的文献。杜瓦和哈格瓦（Doig and Hargrove, 1987）提出"看见新的可能性的能力"，贝拉维塔（Bellavita, 1986）认为，领导是"一个组织过程，充满了……远见……对远见的政治支持；人们愿意努力去获得远见；执行远见的技术能力"（p. 13）。科特（Kotter, 1990）告诉我们"领导方向的设定方面并不产生计划；它创造的是远见和策略"（p. 104）。波茨和贝尔（Potts and Behr, 1987）说"今天更多竞争的世界"要求的不只是一个管理者，而是一个领导者，"他有远见，理解什么正在改变……能够迅速适应并利用这种改变"（p. 10）。提奇和乌里奇（Tichy and Ulrich, 1984）坚持认为"变革型"领导是能够"形成和交流这种远见，并使其他人相信它"的人（p. 251）。

看来，领导者的远见提供了对组织的指引——帮助它发现新的方向，在处处复杂的世界里指出成功的路。在这个方面，当代组织文献只是简单地在前人的经典著作如巴纳德和塞尔兹尼克上扩充了一些。巴纳德（Barnard, 1948）提出，半个世纪以前，"领导者的首要目标是需要指引组织如行动的整个系统一样维持和前进"，这个能力相应地要求有效区别**"特定具体条件下重要的和不重要的"**

(pp. 89, 86)。塞尔兹尼克（Selznick）则论述道，领导者"指引（组织）缩小其目标的盲点……他的想象力被组织互动过程和一个和谐团队的远见所激发"（pp. 135, 137）。

对作为领导者素质的远见的强调向来是广为人知的，因为在远见和通常被看成是男性化的认知之间存在着久远的联系（Keller & Grontkowski, 1983）。在古希腊，从听到写的文化转变——从荷马到柏拉图——产生了知识理念的转变，即从认知、参与具体到超然分离和抽象。这种改变的本质在于，获取知识位置的象征从耳朵变成眼睛。在柏拉图的作品中，智力成为"精神的眼睛"（Keller & Grontkowski, 1983, p. 210）；因为它"明显的无形"，远见"促进了对不参与和客观化的说明"（p. 213）。对柏拉图来说，知识的含义包括和真理的联系，同时也包括和世界之间的距离，到牛顿的时候，眼睛成为"完全和根本上隔绝主体和客体间的方式"（p. 216）。凯勒和格隆考弗斯基（Keller and Grontkowski）在吸收汉斯·琼纳斯作品的基础上，提出远见作为知识的隐喻一直存在，是因为在所有感觉中，它自身就能提供无时间感的说明，因此提供了客观化和永恒真理希望的一个基础，即我已指出的对男性文化的考虑。

如果我们将这种推理扩展到远见和领导之间的联系上，那么领导者和组织其他成员之间的奇怪的联系则开始显现。如果领导者是一个梦想者，那么在这种情况下其他人则成为领导者注视的客体。格罗斯（Grosz, 1990）提出：

> 远见充当一种间隔的功能，使得看的人不被它的客体所牵连或污染……正如萨特所认识的，看是统治和掌控的领域；它不必接触客体，就提供了到达客体的路径（p. 38）。

因此,远见不只是一种简单的看的方式,而且是一种发现和确定哪些是注视客体的人的控制方式。这里,我并不认为这些"他者"必须以这种方式看待他们自身。但是,如果领导者的远见是组织凝聚、发展和方向的必要组成部分,那么其他的组织成员即使没有意识到这点,也会放弃组织对他的控制,以及他们自己对他的控制。在对领导的讨论中,当波茨和贝尔(Potts and Behr, 1987)赞美"看见一个公司未来发展方向的能力……为公司实现目标指出路径,使雇员沿着这个既定方向努力"(p.200),这种趋势越来越明显了。

将领导者视为决策者的说法也支持这个观点。在公共行政领域,我们一直将行政人员视为决策者,这至少要从伍德罗·威尔逊(1887/1978)算起,他认为"行政人员在选择完成他工作的时候应该并且的确具有他自己的意志。他不是而且不应该只是一个消极的工具"(p.12)。巴纳德(Barnard, 1948)提出"作决策的能力是我认为最值得注意的领导素质。它依赖于去决定的意愿或倾向以及这样做的能力"(p.94)。今天,正如汤普森(Thompson, 1985)所告诉我们的那样,"几乎所有官方教科书都将政治勇气视为政治的主要美德,作决策的能力"(p.6)。相似的是,商业管理的著作也赞美了决断力、勇于负责的意愿和能力。①

决策者文化的男性化特质在我们最有影响力的思想家的作品中也有展示。例如,弗洛伊德提出,人们需要权威,因为对权威的"思想的决断力……意志的力量……(和)行动的精力通常是人们对父亲的描述"(引自 Kets de Vries, 1989, p.26)。根据博罗格

---

① 我观察到我的许多学生对决断力有同样的崇敬:在工作小组中,他们赞扬任务导向的控制者,而批评过程导向的人(例如,确保所有小组成员都参与讨论实现目标的方法),认为这种参与是对手头工作时间的浪费、偏离。

(Bologh）所言，韦伯相信强势的政治领导人会脱离官僚制的过程控制，发现真正的政治目标。从韦伯的观点来看，效率也要求有一个强势的领导人；组织决策民主化会削弱理性。对韦伯来说，"人们或是采用消极的女性化的态度，其中'生活被允许像自然中的事物一样运行'，或是采用决策行动的男性化态度，其中生活是'有意识地被一系列最终的决策所指引的'"（Bologh, 1990, p. 101）。

女性主义的组织理论家也指出决策和掌控权是如何与男性化联系起来的。坎特（Kanter, 1977）提出，组织中男性因为决断力、理性和有远见的领导力得到报偿，女性则是因为其日常的服务得到薪水；在坎特看来，男性和女性，不论他们个人在等级制中的位置如何，事实上都创建了分离的组织阶级。斯米尔西奇（Smircich, 1985）提出，文化上掌控事务和过程的男性化愿望形成并充斥于管理理论。公共行政理论家潜在地提出了性别问题。特里（Terry, 1990）赞美了行政"保护者"保护制度完整性的积极努力，同时他也不认可公共行政人员身上的虚弱性和服从性。罗尔（Rohr, 1989）对行政权力（executive power）中的"内在模糊性"进行了探讨，指出**执行者**（executive）这个词的起源，意味着"跟随者或执行的人"（也就是，一个办事员），和一个更富有启发性的含义，例如反映在总统行政特权上的词，也就是行政人员"明显是一个领导者"，这两者之间存在一种紧张冲突关系（p. 108）。

当然，关于领导者的文献并不是只将领导者描述为追求他们个人目标的控制者。领导者也是鼓舞他人的人，用塞尔兹尼克（Selznick, 1957）的话说，是"知道如何将一个中立的团体变为一个效忠的团体"（p. 61）。领导者的鼓舞被认为是激励下属有效地完成他们的工作（Maccoby, 1988），有时候做超出他们一般能力的事情（Kets de Vries, 1989）。甚至更重要的是，领导者诱使工人将组

第四章 "看着像个女士,行动像个男人":领导的困境

织的目标(是领导所定义的)放在个人目标之前,作为报答给予其不同的激励(Barnard, 1938)——在研究生院学习时,我听说这种安排被描述为一种**浮士德式交易**(Faustian Bargain)。

领导者是如何用这种交易来影响其他组织成员的呢?部分方法是说服(Barnard, 1948),以及作为典范和组织目标的象征。有观点认为公司是"一个男性变长的身影"(Doig & Hargrove, 1987, p.20),但是这个身影也超出了组织的界限范围。刘易斯(Lewis, 1980)注意到,"上千个可能会成为公共和私人管理的类型,现在都自觉或不自觉地仿效(领导者),因为(他们)成为文化典型了。"(p.244)这种典型可能是小杰克·韦尔奇,通用电气(GE)的首席执行官:

> 人们称他为"中子弹杰克"①……在过去5年里,他为这个巨型企业缩减规模,见证了20多个工厂的关闭和几千名员工的裁减。当中子弹杰克创建了通用电气的工厂城镇时,他们都说,人类会消失,但是建筑不会……
>
> 但是,韦尔奇并不是自我旅途上狂暴的叛徒……他对GE的指引使(它)到现在成为……创建……充满了竞争力的GE,并且在这个变化巨大的世界中取得成功(Potts & Behr, 1987, pp.1-3)。

这个典型也可能是阿莱·伯克将军(Admiral Arleigh Burke):

> "30海里的伯克",海员都这样称呼他……因为他总是使他

---

① Neutron Jack,形容韦尔奇严格考核员工绩效,如同中子弹。——译者注

的特遣部队以极高速度前进。"这是一个海员们会为了他而走出悬崖边的人物,"(罗斯)佩罗特说道,"他并不是一个距离遥远、看不见的人物。他就是一个总在那儿的家伙。"(Potts & Behr, 1987, p. 207)

勇士或是父亲式的人物,这种性格据说总是用做鼓舞类的象征,激励我们中的一些人去作超常的努力,尽管在达成目标上我们可能经常没有什么选择。我们认同这些人物的能力可能会随着我们自己的自我形象的内容而改变,这一点还没有被完全注意到(这点将在第五章继续探讨)。

美国政府感到需要鼓舞型的领导者,长期以来显然一直如此。正如斯克罗奈克(Skowronek, 1982)所注意到的,"联邦主义者和杰斐逊派人物一样,在注定要导致利益冲突的政府中,都希望有一位开明的领导人……他们的成功并不稳定,主要依赖于特别的人(和)他能够灌输给其他人的个人忠诚。"(p. 24)克伦森(Crenson, 1975)评论到,杰斐逊派的人继承了这种依赖,反映在行政官员对他们的部门非正式的控制:"行政长官的个人特点和偏好比正式的行政制度更为重要。"(p. 52)在进步时代,克罗里(Croly, 1909/1963)赞扬了西奥多·罗斯福鼓舞人的特点,他"展示出了他真诚的爱国精神,没有什么比他给其他人竭力展示的独特能力、训练有素和卓越显赫更为引人注目的了,而这给他提供了一个更好的为公众服务的机会"(p. 170)。

领导者通过鼓舞组织成员,向他们灌输组织忠诚和组织目标,帮助他们形成对他们工作和生活意义的看法;除了灌输工作是合理的价值观外,塞尔兹尼克称之为**制度化(institutionalization)**的领导行动也是一个创造现实的过程。研究领导的人士指出,领导者通过

第四章 "看着像个女士，行动像个男人"：领导的困境

远见，通过感知组织环境和说明组织目标的能力，他"消灭混乱，带来秩序……我们需要一些人来引导我们，或有事时能够承担责任。仅仅是个人希望承担领导角色这件事，也有助于组织积累经验，同时，这样也使我们获得一种对环境的控制感"（Kets de Vries，1989，pp. 22-23）。正如我们在前文所探讨的，消除失序，创造秩序，这其中的秩序是和男性特质相联系的，而失序则是和女性特质相联系的。当然，这种象征性的权力已经延伸到了组织之外。例如，克伦森（Crenson，1975）观察到，安德鲁·杰克逊在他自己和当时的美国人之间建立了一种感情纽带，"告诉男性他们是怎样的"（p. 29）。刘易斯（Lewis，1980）在他研究公共企业家的文章中注意到，J. 爱德加·胡佛（J·Edgar Hoover）"掌握和详述了当时对整个社会犯罪的现实前提"（p. 119）。接下来，领导者的最终权力就是"使人类被有意识的道德感所束缚，让他们过应过的每一幕，使他们做应做的人"（Alexander Pope，引自 Wills，1984，p. 125）。然而，问题是在我们变成应做的人的过程中，都包括了什么：在仿效领导者的过程中，他们告诉我们工作的意义，或是自我的本质，其中，我们必须遗弃或重塑现有身份的多么重要的一部分啊。当然，对那些"不同"种族、性别或社会经济地位的人来说，被上层阶级的白人男性领导者所认同或鼓舞也不是不可能的，不过，这个过程比起那些更接近典型主流模范的人面临的情形，更为复杂罢了。

女性领导者

他们批评你的性格，因为你太强势了，你的决策是顽固和强硬的，但如果你是个男人的话，那么这些也会是他们对你的

表扬。我认为他们还没有充分意识到这点。

——玛格丽特·撒切尔（引自"铁娘子"，p. A1）

进入公共机构领导位置的女性会发现，她们正面临一个困境。已认可的对领导者的理解是一个从事职业管理的白人男性形象，而其他人则似乎不太适合。在西方工业化社会中，男性和女性都期待领导者是有决断力的、有远见的、勇敢的和鼓舞人心的；正如我们将要看到的，他们也倾向于期待领导者是男性。和女性通常相联系的特点，例如直觉和养育，也开始进入了关于领导的讨论范围，但是这些还远远没有被当做是确定的（Stivers, 1991）。

结果是，成为或想要成为公共机构领导者的女性面临着自我定义这个复杂的难题。如果她们力图展示所期望的性格，则会有被视为男性化的危险（当然，这样并不适当），如果基于她们个人的特点来说，在她们作为女性的感觉和被期望作为领导者之间则会有某种程度的不协调。另一方面，如果她们力图体现和展示一种不同于传统的领导形象，她们则会被认为不适合担当领导角色的危险——如不够决断，柔弱，不够自信。应当承认的是，一些男性可能也会感到，他们的个人风格和领导者的形象之间存在不一致，男人如果不符合领导的标准，有时会被认为是不够男人（例如，困扰了前威利·霍顿·乔治·布什的"窝囊因素"）。但是，为了做成功的领导者，男性从来没有像女性一样被批评过；男性从来没有因为想做领导者而经历这种类似性别转换的麻烦。

女性和领导之间这种不协调的结果就是，产生了许多关于女性领导者的陈词滥调。**大地母亲**（earth mother）将饼干带到会上；**宠物**成为工作团体的吉祥物；**掌控者**使用了女性的诡计以达到其目的；**工作狂**不知道如何授权；**铁娘子**工作太努力了，被视为像暴君一样

(最近玛格丽特·撒切尔自传的书名就是《铁娘子》);**平等主义者**通过宣称其下属是同事,贬低了她自身的权力 (Heller, 1982, p.3)。没有这些标签的女性领导者通常让她们的形象以更微妙的方式被接受。例如,威兹米斯基 (Wyszomirski, 1987) 对南茜·汉克斯 (Nancy Hanks) 的描述使用了这些术语:"一个有吸引力的单身中年女性,将女性特质和一种与传统相适应的得体方式结合起来。汉克斯是联邦高层中少数女性之一,但是她绝不是女性主义者。"(p.214) 威兹米斯基并没有定义她所认为的"女性主义者",没有说明她为什么不认为汉克斯是一个女性主义者,或者说明女性主义不受欢迎的原因。

这些形象都传达了女性领导者混乱行为的某种特点:"你做了也讨厌,你不做也讨厌"。女性本身在组织中就是有问题的。因为白人职业男性的固定特征,例如理性或是任务导向,很适合官僚制的定义特征,所以我们倾向于将这些特点(正如我们看组织本身)视为是中性的而不是男性化的。在官僚制中,只有女性有社会性别 (gender),因此,她们面临适应组织生活机制的问题。领导者的男性化被视为是正常的,而在他身边工作的女性的特点——例如,女秘书和办事员——代表了领导者所不具有的特点(帮助的,默从的);这种女性是可以接受的,因为她们是下属,所以没有威胁。相反,不在办事员位置的女性在男性眼里则(有意或无意地)引起了私人——性的——生活对男性占据的公共生活的某种入侵 (Hearn & Parkin, 1988)。男性管理者习惯于将女性或者看成是性的目标,或者是他们母亲、女儿、妻子的代表人,将女性看成领导或同事则很困难。进一步而言,正如坎特 (Kanter, 1977) 所提出的,女性和男性构成了不同的组织阶级,女性(一般)由于日常服务而得到报酬,而男性则是凭借其理性决策和领导来获取报酬。坎特认为,不管她们个人的管理风格或是能力如何,女性管理者和广大的女性办事员之间表面的相似性容易干扰女性行使领导的权力。

研究指出,男性和女性在很大程度上都倾向于领导者是男性,以至于许多职业女性从工作逻辑上看应该是处于领导位置——例如一个州医院的护士长——却还没有被广泛认可:

> 许多研究指出,男性和女性不同的刻板化形象,非常吻合我们对领导者和下属不同的看法和评估……男性,而不是女性,被描述为侵略性的、独立的、客观的、积极的、主导的、有竞争力和决断力的,同时赋予女性的特点,则围绕着温柔、感性、敏感、依赖和服从……例如,希恩就在几个研究中指出,男性和女性管理者一样……将他们自身看成是拥有和展示那些通常被归为男性而不是女性的特点、态度、行为和脾气(Kruse & Wintermantel, 1986, p. 176)。

阿斯汀和勒朗德(Astin and Leland, 1991)指出,研究显示男性和女性领导者的行为并没有明显的不同模式,而下属对同样行为的反应却明显不同,主要是根据领导者是男性还是女性。这些作者也注意到,对性别和领导之间的关系,大多数研究都是用传统模型来研究的,例如特质理论(trait theory)、情境理论以及男性占主导位置的实验室或制度下所发展起来的一些理论。

组织对性别分配不平衡,男性几乎占据所有或大部分高层位置,而女性则主要是低层次的或是辅助性的员工位置,对组织的这种看法成了对领导期望的一个结构性来源。有许多因素导致这种歧视性的分配做法,包括规定男性对公共活动负责、女性对私人活动负责的文化价值观,组织期望白领男性是**脑力**工人而白领女性是体力工

第四章 "看着像个女士，行动像个男人"：领导的困境

人。此外，一些观察者也对双重劳动力市场的存在进行了理论说明，其中女性主要承担家庭和抚养孩子的义务，以此为基础，行使"劳动力储备军"的功能（Hearn & Parkin, 1988, p.18）；资本主义对剩余劳动力的结构性需求使绝大多数女性在低层位置工作，并通常是兼职的工作。

工作是按性别分配的，由此也形成了人们对什么性别能够做什么工作的看法，这两者之间的反馈循环，意味着渴望做领导的女性在这个过程中面临着物质和精神的障碍；当她们最后努力当上领导时，也还是面临管理其女性特质所带来的难题。管理学的研究文献几乎没有对此提出任何建议，认为这不是其他方面的问题，而是个人自身的问题。有一种观点，简单接受了领导的主流定义，提倡消除女性通往高层位置的阻碍。这种路径是自由女性主义的特点，提倡女性采取一些已经有的行动。它期望当女性成为领导者时，能展示出她们的坚强、勇敢等等，领导就会逐渐丢掉与男性化的联系。持这种观点的领导学研究，重点是教导女性像男性典范一样更好地做领导，以便她们能够获得据说向她们开放的雇佣和晋升的平等机会。主要内容是如何适应和学习男人的游戏。这些著作告诉女性，她们在适应组织生活时应对其自身的成功或失败负责；她们首要的任务是改变她们的女性特质。例如，哈拉根（Harragan, 1981）的《妈妈没有教过你的游戏》，建议女性在办公室使用足球行话或军事的想象力。《女性的领导技巧》建议，"穿正式衣装，增加你高跟鞋的高度……使用强硬、直接的语言……不要过度使用手势……不要调情……不要力图做'男孩子中的一个'"（Manning, 1989, p.15）。

近年来，许多人都注意到了这种可能性，即因为女性和男性有不同的个人素质和生活经历，所以她们倾向于用不同的方式去领导，而这些区别可能有益于组织，使组织具有当前这个日益复杂的时代

所要求的更多的灵活性。从这点来看，我们的目的并不是如何尽力去除女性的女性特质，而是如何用它们来提升组织的有效性。女性的管理风格据说更没有等级之分，更有参与精神："女性更为推崇联系、团体和共享的权力。我们希望世界像一个家庭一样。"管理顾问贝弗·福布斯（Bev Forbes）说（引自 Grubb, 1991, p. 18）。女性领导被报道为尽力"使人们感到是组织的一部分……鼓励他人在工作的几乎每个方面都参与……她们创建的机制有利于人们积极参与，他们还利用交谈的方式使人们有参与感"（Rosener, 1990, p. 120）。海尔吉森（Helgesen, 1990）对四个女性高级行政官员的个案作过研究，探讨了她们是如何区别于明兹伯格（Mintzberg, 1973）众所周知的著作《管理工作的本质》(*The Nature of Managerial Work*)中所研究的男性。她在报告中指出，女性的管理行为和明兹伯格所描述的**普通**管理行为相距甚远。她们希望成为明兹伯格所谓的被突然的任务和访问所**打断**的人，以便组织出现的问题能及时得到解决；她们共享而不储存信息；她们不是全身心投入事业的某一方面，她们视自己为多面手。同样，《纽约时报》对格蕾斯·帕斯迪亚克（Grace Pastiak）——泰乐公司的总裁——的形象描述是，她更喜欢一种个人化的、到处视察的方式，尽力向她的下属灌输对质量的热情（Holusha, 1991）。

在这方面，许多文献所反映出来的期望是，随着更多女性进入领导层，组织自身也开始改变——变得更没有等级制形式，更有参与精神，更人性化。然而，坎特（Kanter, 1980）则质疑这种观点。她认为，不管男性和女性的组织行为有什么区别，都是一种权力而不是性别的功能："女性通常所做的或感觉到的，对一些男性来说也是同样的，这样的观点毫不稀奇……工作行为中'性别的区别'其实是对组织结构状况和人的地位的反映"（Kanter, 1980, p. 57）。

坎特的论证提出了两种可能性。一种是女性特质的管理技巧,尽管现在看来,在某些方面受到了赞扬,但是整体来说,它们仍然对女性是不利的:它们倾向于加强这种违反女性平等进入高层工作的文化原型,大多数使用这种技巧的女性最终会发现她们自己和其他女性一样,撞上了防止她们进入组织最高层的玻璃天花板。另一种可能性是,当前对女性不同领导风格的注意只是反映了整体上对参与性管理的更多兴趣,一种明显远离等级制和军事管理方式而朝着类似全面质量管理策略的趋势。一个管理学教授将这视为过去25年来关键的管理趋势,正因为如此,它也有益于女性管理者的发展(Holusha,1991)。但是,这种更宽容、更温和的管理浪潮对组织结构的最终影响还没有确定。人性化管理方式可能只是使雇员对组织高层设定的组织目标更买账罢了(Argyris,1957;Grenier,1988)。就此而言,女性特质的领导并没有真正改变组织过程,而只是更有效地掩盖了它们真正的本质。同时,在组织中,工作按性别分配,人们对什么性别做什么工作的看法,这两者之间的反馈循环,对女性被提升为公共部门和私人企业的高层来说,仍然是一个障碍。在可预见的将来,像《财富》这样的权威杂志将会继续告诉渴望进入组织高层的女性,要"看着像个女士;行动像个男人;工作像一条狗"(Fierman,1990,p.62)。

领导和公共行政

总而言之,我反对用我们对公共部门领导假设的需要去为公共行政的合法性辩护,即我们的领导形象许多是与那些白人职业男性的特点相联系的,这也导致了除白人职业男性之外的人现实中的不利地位。我们有一种循环的情况,其中男性(几乎总是白人男性)占据了组织的高层位置;我们从当前的领导中去寻找领导是什么和领导是谁的理念;这些理念就像一个滤镜一样,除了那些符合已认可标准的人外,其他人都被遮挡住了;因此,领导理念还是同样的,标准也是。当那些不同的人也尽力登上领导的位置时,他们面临着不断的斗争,因为他们有诸如性别、种族这类归属性的特征,所以要处理人们所期望的领导形象和对他们形象的期望之间的不同。正如我们所看到的专家形象的例子一样,领导的理念也是对男性化特征而不是对女性化特征有利,因此,它支持的工作分配制度使除白人职业男性之外的人处于不利地位。

此外,正如第三章对专业知识的总结一样,对公共部门领导的要求和公共行政人员如何符合要求的观点,也反映出公共行政的结构特征是努力否认文化上的女性特质。正如罗尔(Rohr, 1986, 1989)指出的,行政部门的成员——至少那些有一定程度上行政裁量权的人——既有领导,也有行政雇员:他们执行命令,但他们同时也下达命令。立法机构、法院和行政首长都是公共行政人员的主人,后者被期望服从前者;但是"公共行政"人员经常可以选择遵守哪个主人的命令。罗尔对这种双重本质的探讨比起大多数人对公共行政人员的服从需要的探讨更为清晰;更为典型的是,公共行政人员被告知他们一定"不能是软弱的或顺从的"(Terry, 1990, p.407)。接受命令被视为是软弱;尽管这点可能并不总是被意识到,但是那些下达命令的人是白人男性,而接受他们命令的人是女性和有色人种。当以性别为基础进行分析时,公仆的形象仍然是矛盾的——一方面宣扬这种崇高的道德,一方面又因为这种潜在的女性化特征而拒绝成为真正的公仆。如果情况不是这样的话,那么我们将会讨论的就是很多对公共行政合法性的论证,或是基于对群众的忠诚服从，或是基于它坚守公众权益的慈母之心。实际上，公共机构的许多工作并**不**包含裁量权的行使，而只是一些简单的日常事务，不迷人的但又通常是必要的义务的行使——很多像家务一样的工作，也像家务一样被低估了。

通过性别视角来看，领导的整个含义——我们对它声称的需求——都是有问题的。一些理论家不认为人们需要某人来仰视或是人们需要有人告诉他们怎样做，而是询问为什么看起来情况是这样的，并提出，可能在其他现实条件下，领导并不是看起来那么必要的，或者更准确地说，我们可以以不同方式来看待领导。我们可以将它视为一个必要的协调角色，许多人，如果不能说是组织的大多数成员的话，都能很好地胜任这个工作，领导只是一个被任何一个成员短暂占据的职位。弗格森（Ferguson，1984）认为，正如它在金字塔的高层位置一样，领导也在关系网络的中心。奥斯丁和勒朗德（Astin and Leland，1991）将领导视为一个内在的社会改变过程，它授权给他人，并构造一个大家共同努力的网络。因为我们中大多数人都没有这种领导经验，而从商业来看，一般领导也是非常固定的，所以大多数这种想法都被认为是非常不合实际的。我在最后一章会再次提出这个问题。现在，不管其他想法是否实际，领导的理念仍然深深植根于性别因素，并且对女性来说有很严重的问题。而这可能已足以让我们警醒，并质疑原来为公共行政合法性辩护的基础。

第五章 英雄工厂：美德的困境

公仆的公正是一个一直以来都被考虑的问题，不只存在于公共行政的文献中，而且存在于政府和政治世界以及美国广大人民中。大部分对公共行政人员道德状况的讨论和著述都是持怀疑态度或说教的：久享盛名的扒粪者就喜欢去调查官僚的懒惰和腐败（《华盛顿月刊》杂志就是当前这种类型的一个好例子），而伦理学家则喜欢谈论道德问题，以激励高尚的行政行为。另一方面，规范公共行政理论一面**肯定**公共行政人员的美德，一面试图挑出他们的错误。同时，公共行政的辩护者则认识到行政道德实践中的不完美，他们认为公共服务的本质在于对公共利益的承诺，而公共行政人员在某种程度上值得尊敬，是因为他们愿意作这样的承诺。从这个角度来看，行政权威的合法性可以追溯到权威行使中的公共精神——只有当公民认识到这种公共性——行政权威才能赢得公民对他们政府的支持，从而维持政体的存在。这个逻辑回应了亚历山大·汉密尔顿在《联邦党人文集》中第27条的推理，人们"对一个政府的信任和服从，通常是与行政的好或坏成比例的"（Cooke，1961，p. 172）。当他们认识到公共行政人员的缺点时，辩护者相信为了维持或赢回"群体的尊重和服从"（p. 173），强调他们的公民道德（civic virtue）是很重要的。

第五章 英雄工厂：美德的困境

许多将公共行政合法性和行政人员的美德相联系的论证也回应了汉密尔顿的观点，在这些观点看来，人民是政府权威的最终来源，但是他们也需要保护，以防止他们自身的错误和错觉。正如怀特（White，1948）指出的，联邦主义者"接受民享但不是民治的政府哲学。在他们看来，政府只有在人类优秀的那部分人手中才能很好地运转，其中优秀是指在教育、经济地位和天赋的能力上的优秀"（p.508）。看来，现在正如那时候一样，在宣称公共行政人员的公正清廉和要求他们有高于广大人民的道德之间的完美界限，偶而也会被美德的探讨所跨过。

我在本章指出了公共行政人员美德的四个形象：政体价值的监督者（或是保管者，或是服务者）、名望和荣誉的追求者、英雄和公民。这里我再一次提出要注意这些形象所产生的性别困境问题，不只是因为它们在文化上是男性化的，而且也因为它们导致女性在社会和公共行政内部处于不利位置。然而，与对专家、领导者的讨论相反，对公共行政美德理念的探讨将使我们发现，美国政治和社会史上，美德在某种程度上一直被认为具有女性特质。我将提出，美德被赋予的这种女性特质使它保持了作为私人含义而不是公共含义的既有地位，为此，公共行政宣称美德形象是男性化的，这反映了其意欲去除美德形象和女性仁爱之间的联系，尽管这是无意识的。在分析这些形象之前，我将简短回顾美国政治思想史上美德的概念。本章最后讨论了围绕美德理念所显现的性别困境对公共行政合法性影响的几个反思。

美　德

在研究文献里，行政人员的公共精神赢得了公民的尊重，激励了广大民众的美德。有道德的公共行政人员不只保护和支持公共利益，而且也是其他人的美德典范（见 Cooper & Wright, 1992），他们有资格教育公众，并使这种重要的公共精神得以传播（Gawthrop, 1984），或使善行得以实施（Frederickson & Hart, 1985）。公共行政人员的美德在他们代表人民行为的意义上是**公共的**，因为他们这样做是看得见的，如果不是被人民自身所见，那么至少也是被那些代表所见。公共行政人员的美德有着明显的表演性质。为了执行他们的职责，公共行政人员向所有的观察者展现了他们的个人性格，并且"通过带动"（by contagion）（休谟这样称它）（Wills, 1984, p.115），至少激发了一些人的美德——去追求高尚的目标。

当前文献所描述的美德理念是一个长期发展过程的结果。两千多年来，**美德**这个词的含义已经有了许多变化（Cooper, 1992）。亚里士多德认为，美德需要性格中的很多优点，包括道德上的优点，它能够被培养，美德也能造就一个平稳（a balanced person）的人，使他能过上好的（因此也是公共的）生活。对性格特点的强调也在古典时期的四个核心美德中展现：审慎、公正、节制、勇气；基督时代又增加了三个神学上的美德：信仰、希望、爱。在启蒙时期，休谟认为美德是和遵守法律或道德原则相同的，而不是指具体的性格特点。到联邦主义时期，人性被看成是狂暴的激情并需要加以控制，这种看法使美德的含义被认为是看来并不可靠的性格的一方面，除非它等同于对好名声的追求（见下文）；因此，宪法的起草者认为

第五章 英雄工厂：美德的困境

政府结构有必要支持"为了更好的目的而不择手段"，以便"利益可以代替美德的任务"。

阶级的含义也影响了联邦主义者对美德的理解，在他们看来，美德是和绅士的概念相联系的。伊丽莎白时代英国的绅士，一个后来传播到美国的理想，是做一个有着美德、学习精神和财富的男性；理论偶尔也会允许财富的重要性位于美德和学习精神之后，但是在实践中，三者是紧密相联的，正如约翰·亚当斯在观察中指出的：

> 所有国家的人民，都天生分为两种人，绅士和一般人……我们说绅士，并不是指富或穷，出身高或低，勤劳或是懒惰；而是那些接受了自由教育的人……但是我们也必须记住，**通常而言**，那些富裕的、来自大家庭的人，也将是受到最好艺术和科学教育的人，因此，绅士一般也会是更富的人，来自于更为知名的家庭中（引自 White，1948，p.548）。

当前公共行政学者对美德的兴趣代表了一种对美德更完善理解的回归，这种对美德的理解也比打动了建国者的美德更为完善；它包括人性的发展观和一系列优良品质，而不是对人性的一种固定看法，即认为人性主要取决于对法律或规则的遵守。现代的看法则倾向于对所有人类都持开放性的态度，而不仅仅对那些受到良好教育的来自名门的男性。然而，这个更新的美德理念还是一个未经探讨的假设。目前讨论的美德——好的公民资格，或将公共利益放在个人利益之前的意愿——是**公共的**美德。因为自古希腊以来，西方文化一直将公共的与男性联系在一起，将私人的与女性联系在一起，这种联系使女性两千多年来不能参与公共生活，因此将公共美德的概念作为公共行政的一个典范，需要我们更审慎的探讨。

布洛赫（Bloch，1987）认为，革命时期公共美德的理念吸收了古典共和主义和新教的传统。古典共和主义中，美德是产权私有和混合政府下社会所培育的一种公共品质；有财产的人在他们对统治的参与中体现出其美德，同时人民反对侵略或腐败，在对政权的忠诚中展示出其美德。新教中，美德来自于信仰，主要是优秀的统治者具备的一个特点，而其他成员只要遵守他们的规则并根据道德戒令生活就可以了。但是，这两种传统都认为公共美德是男性化的，而私人的、基督的美德被看成是对男女性别都同样适用的。共和主义观点的男性化尤其被宣告出来，它来自于荷马时代对优秀的理解。即优秀是同战争中身体的勇敢相联系的，它也来自于希腊和罗马时期国家的男性公民一起合作努力的含义。美德的男性化在马基雅维利的共和理论中也可以看见：男人通过采取政治行动，获得对环境的控制权——即他们以智战胜了**福耳图那**（fortuna，命运女神），一个女人（Pitkin，1984）。西方历史中很多法律禁止女性参与公共生活，这也加强了这种认识；因此，美德的重要意义就不只是态度问题了。

布洛赫（Bloch，1987）认为，在 18 世纪 80 年代和 90 年代期间，对公共精神的一种女性特质的独特理解开始出现了。从**共和国的母亲们**（republican motherhood）这个术语的含义中可以看出，女性能通过鼓舞她们的丈夫和培养她们的儿子来参与公共美德（另见Kerber，1980）。这种意识形态改变了美德的源泉，使它变成了家里的而不是公共空间的；因此，它支持这种政治转变，即从依靠自由男性一起参与的努力，转变到创建一个根本不重视这种参与并且事实上限制它的宪政秩序。这种转变"在保留公共美德含义的同时，又剥夺它以前的宪政意义"（Bloch，1987，p.56）。因此，不管意识到与否，家作为美德源泉的理念支持了联邦主义者的立场：让"利

第五章 英雄工厂：美德的困境

益做美德在公共领域的工作"成为可接受的，因为美德可以被看成是在私人领域里发挥作用的。宪政的目的是保护私人的美德（private virtues）（以及个人自由），而不是要提升公共美德。美德变得"更加难以与私人的善意、个人行事风格、女性的性别特点相区别了"（Bloch，1987，p.56）。从实践上来看，当公共美德只包括投票和对所谓的国家理念模糊的忠诚感的时候，它逐渐变成国旗上的象征和公共假日里的庆祝仪式了。将美德限制在家庭和社会活动中越发使它看来更具女性特质了，男性的政治活动和他们对经济领域里个人利益的追求之间的道德区别变得更加模糊了。期待（或至少是假设）政治行为是由公共利益驱动而不是受到获得个人利益的愿望所驱动越来越难了。① 男性化与一个好的公共生活的联系日益减少，而与商业或政府里对个人利益的理性追求日益联系紧密，这种联系促使个人利益被看成是家庭外的社会中一个不可避免的或自然的方面。在19世纪（下一章将仔细讨论），女性特质是和当时流行的美德理念相联系的，这又被公共生活的两种模式上的文化区别所加强——政党政治表层男性化的世界和女性的"私人"慈善工作，尤其是为了帮助有需要的家庭时。

女性完全进入美国政治生活开始于1920年，她们对官员选举和公共机构的不断渗透并没有减少公共生活和家庭世界（家和家庭）之间的重大区别，也没有减少女性对后者所承担的大部分责任。因此，当前公共行政中所追求的对公共美德的实质解释仍然是和现行趋势相反的问题。这个计划不仅要击败现行的统治理念，即所有的政治行动都是个人利益导向的，而且它还要面临一直将美德建构为

---

① 美德理念中还包括阶级偏见，因为在它的标签之下，是高层女性而不是贫穷女性才有能力去做慈善事业。

女性特质的常识。从共和国母亲们的时代以来，美国的美德就一直是和私人行为相联系的。它是在（很大程度上被限制于）女性领域中培养出来的一个品质，经常是和女性的、母性的或慈善的行为联系在一起的品质，因此，与人们所期望的公共人物的坚强和现实主义相比，它也被看成是柔弱的。虽然有英雄和监管者这样的说法，但是只要人们自觉或不自觉地将美德和女性特质联系起来，只要他们害怕被看成女性特质的——公共生活中所有男性和女性都有的害怕，看来，将公共行政合法性基于这种美德或是培养公共行政人员（或其他的公共人物）的美德将会很困难。建国者约翰·亚当斯曾经观察到，"人民是克拉丽莎（Clarissa）①——即人民的美德是消极的和女性特质的"，"注定要被掌权的无道德男性所欺骗和侵犯"（引自 Bloch，1987，p.57）。我们需要美德的理解应该是坚强的而又不男性化的，积极的而又非竞争性的，值得赞美的而又非精英主义的，无私的而又不消极的——考虑到当前美德的含义里的性别困境，这的确是一个很高的要求。下面几节我将探讨这些困境。

监督者

许多公共行政的辩护者使用了公共价值的"监督者、保管者或是服务者"（guardian, trustee or steward）这些理念。我们将这些理念和职业自主权的含义相联系（第三章）。它也在黑堡宣言中反映出来（Wamsley et al.，1990），后者将公共行政人员看成是公共利益的

---

① 克拉丽莎这个人物来自理查逊的代表作《克拉丽莎，或一位年轻女士的生平》。——译者注

第五章 英雄工厂：美德的困境

保管者，将公共机构看成是久经考验的智慧的储备库；卡斯（Kass, 1990）提出了服务者理念，即为了他人而工作的公共行政人员；特里（Terry, 1990）认为公共行政人员是行政能力的保管者（conservator）。在探讨公共行政人员的美德时，我们从关注这些形象所赋予的自主权，转移到关注其道德地位即**保护者**（protector）上来。摩根和卡斯（Morgan and Kass, 1991）总结了这种论点：

> 服务者模型（The stewardship model）主张公共行政人员的最高义务是保护和培育共和国宪政体制，以及体制要实现的宪政价值观。做这个角色的正当理由有两个，一是力图使非选举的职业官员裁量权的行使合法化，二是限制其裁量权的行使。首先，行政代理人宣誓要支持我们的宪政秩序。其次，行政机构拥有以培育宪政价值观（constitutional values）的方式来执行这个誓言的独特能力（pp. 45 – 46）。

这里摩根和卡斯提出，作为就职宣誓的结果，公共行政人员会比一般公众**更为积极地去实践**公共利益，他们和他们的机构**更有资格**决定在具体条件下如何将宪政价值观转换为具体的行动。弗雷德里克森和哈特（Frederick son and Hart）也将公共行政人员视为保护者（a protector）。他们"将这个国家中公共服务最首要的道德义务定义为仁爱的爱国精神"；他们将这等同于对"我们政治界限内所有的人民……对现行文件赋予他们的所有基本权利"（Frederickson & Hart, 1985, p.549）的保护。这些论点将公共行政人员看成是政体内成员个人权利和宪政秩序的监督者。

监督者理念中的精英主义——非常可能，有时候也是事实——已经被论证过（如最近的一个例子，见 Fox and Cochran, 1990）。但是有一种观点仍然认为,为了免于权利被剥夺,以及自身的无知、自私和非理性的侵害,公民需要受到保护,从这个角度看,人民不只是容易受伤的克拉丽莎,也是需要磨练的顽固的爱玛,或是需要驯服的脾气暴躁的凯特。看到监督者这个词语,很难不同时想起许多形象组合,那些被监护的人或是无助的,或是危险的。权利的保护者为了保护他们自己,也很容易成为那种反对其他权利所有者的保护者。人民被要求去相信那些保护者,而后者并不相信人民。一个古老的问题——谁来监督监督者?——在这里也是一样的。对那些在政府体制之外的人来说,权力相互制衡、三权分立以及对行政权力的其他限制都用处不大,因为他们自身太脆弱了。

至此,监督者形象中的性别困境,应该是很清楚了。公共领域是一个被男性占据的领域,政治才能的运转是一种驯服福耳图那、控制女性化、难控制的人的男性化努力。监督者是父亲的象征——公共家庭的首领——他将告诉其他成员,什么对他们来说是最好的,可能很温柔但是肯定会很坚定。受保护的人民的公共精神,像女性的美德一样,是服从和忠诚。监督者形象的重要意义在于其为美德概念注入了男性化的努力,使它像父亲一样更为强势。我应该指出摩根和卡斯(Morgan and Kass, 1991)的分析包含了对监督者更少父亲化的解释,他们将保护者(protector)看做培育者(nurturer),将公共行政人员视为"变革的助产士"。我在上一章中已经探讨了这些理念。现在,我们已经充分注意到监督者形象的男性化——美德四个模式中的第一个——对行政国家中的女性来说,是一个问题;长期以来,我们一直认为女性所适合的角色和领域是私人性质的,而这与监督者的公共形象是不一致的。

第五章 英雄工厂：美德的困境

名望和荣誉的追求者

> 我是个小人物！你是谁？
> 你也是——小人物吗？
> 那我们就是一对了？
> 别出声！他们会做广告的——你知道的！
>
> 去做——某个人物——多么无聊啊！
> 公众多像——一只青蛙——
> 叫着他的名字——整个六月——
> 向一个令人钦佩的沼泽致辞！
>
> ——埃米莉·狄金森（引自 T. Johnson, 1960, p. 133）

宪法起草者们预见到了这种政府工作将主要是由精英——有美德和受过教育的绅士——来执行的体制。他们并不期望所有这些人都天生愿意承担公共责任；事实上，他们知道这种责任最好也只是一个利弊相当的事。1816年，约翰·亚当斯向他的一个年轻朋友建议：

> 你必须使自己变成铁石心肠，并且为面临各种政治敌人作心智准备，学会忍受所有的变动，没有这些变动，美国也就没什么特别的了。当流氓和傻瓜包围住你时，根本不用注意他们，小心不要发脾气。小心你的个人品格和名声不要被玷污了，将你的精力放在对国家来说更重要更高级的公共事务上（引自 White, 1951, pp. 197–198n）。

建国者相信，使有才能、品性好的男性愿意去忍受管理共和国的困难的，是对名望和荣誉的追求，他们认为这是一个崇高的动机。这种观点历史悠久：例如，在罗马时期，西塞罗观察到"公众的相互尊重促使艺术成长，所有男人都会被名誉点燃做事的热情"（引自Braudy，1986，p.56）。但是在建国时期，对名望和荣誉的激情有其特殊含义。阿戴尔（Adair，1974）指出，对名望的渴望包括"在聪明人和善良人面前"行动；它是"一种崇高的激情，因为它可以将野心和个人利益转化为献身团体的努力"（p.11）——因此它和起草者让利益替代美德的工作的意愿是和谐一致的。阿戴尔告诉我们，对荣誉的追求是有意义的，但有点不那么崇高，因为它的含义是"与……地位……相配的尊严"（p.11），这使它本质上是排外的；阿戴尔认为，弗吉尼亚绅士（Virginia gentlemen）的荣誉准则包括动产奴隶制度，并将女性视为是智力较低的人来对待。对阿戴尔来说，对名望的激情尤其值得赞美，因为它是公共的特征；基本上它是"一个男人想要创造历史，在世界上留下他的行为和理念的印记"的渴望（p.11）。另一方面，梅则（Mainzer，1964）将荣誉看做一个"内在特点和公众判断"的混合物，有其"独特的社会基础"，因为"决定荣誉的标准是公共的"（p.71）。但是他也发现，荣誉的缺点在于其分类的偏见，他观察到，"对女性来说，它主要是指贞节（chastity）——婚前是处女，婚后是忠诚"（p.72）。

格林（Green，1988）提出，现代公共行政人员，像"审慎的宪政主义者"一样，是——也应该是——被名望和荣誉的渴望所激励的。格林认为，那些"因为热爱名望而从事会得到高度赞扬行动"的人可以被信任，并拥有长时间的"很大的权力"，因为"最能激发他们热情的利益是和他们的美德相联系的，并符合他们职位的要求"。结果是"这种偏狭足以使其对自己的职位有种所有感，使其能

第五章 英雄工厂：美德的困境

行使明智判断"（p.38）。没有很大的权力，公共行政人员可能就会变得不负责任。而权力是吸引聪明观众和让某人在历史上留下印记的先决条件，和权力相联系的是审慎的宪政主义者的"公正和有道德的独立（fair and virtuous independence）"：尽管公共行政人员——甚至是部门长官——是下属，但他们对国家的价值观和公共利益的贡献，通常足以使与他们作为政策制定者的角色相称的某种自主权合法化。格林将这种从属的独立性，与他认为当前对中立能力和对政治领导的盲目忠诚的强调作了比较。最后他发现，行政人员对名望和名声的适当看重

> 将会使他们对其工作投入很大精力。他们将会用足够的时间和权力去实现他们的计划和政策。在我们的政体中，则要求分立的权力在很大程度上实现合作。合作的维持最终取决于"道德理解或绅士共识"的维系（Green, 1988, p.44，引用的内容来自 Louis Fisher）。

格林总结到，愿意在工作上奉献足够多的时间和精力的行政人员，确实将在他们的职位上"留下他们性格的印记"（p.45）。

格林提出的审慎的宪政主义者的形象回应了亚历山大·汉密尔顿的理念，并以其为基础，构建了关于要用什么来使新政府运作的理论——值得一提的是，汉密尔顿合理行政（sound administration）的理论，他指的是真正有影响力的行政，能够从人民过度隶属于的竞争对手州政府手中，赢回人民一心一意的支持。合理行政要求那种精英男性——受名望的吸引，来从事公共服务。对汉密尔顿的研究（Adair, 1974; Caldwell, 1988）证实了格林（Green, 1988）对汉密尔顿是"我们最伟大的公共行政人员之一"的评价（p.25）。

他们也将汉密尔顿刻画为过度关注获得名望和在历史留下记号的人。例如，卡德威尔（Caldwell，1988）注意到："沉迷于对名望浪漫的追求和自负中，（汉密尔顿的）目的是要做一些有真正历史意义的事情。"（p.3）他观察到，汉密尔顿提出每个部门都要有一个单独的领导，这是基于"那些自命不凡的人将不会那么容易合作，因为他们合作的话，他们自己就不会那么显著，那么重要，而且凸显自己的机会也会更少"（p.45）。

因为他的野心是和当时最有分析精神的头脑相配套的，所以汉密尔顿有很多成就，这保证了他在历史上留下美名的梦想得以实现。但是，在将汉密尔顿作为一个品德高尚的公共行政人员的典型之前，我们应该探讨一下汉密尔顿作为追求名望和荣誉的公共行政人员的性别困境。我们可以从汉密尔顿**自身**这个典范（Hamilton's own exemplars）的本质开始。阿戴尔（Adair，1974）指出，当汉密尔顿为他的一些政治小册子（当时流行的做法）选取笔名的时候，他选择了希腊和罗马历史上一些有英雄美德的男性的名字（Phocion，Tully，Camillus，Pericles①），这些人都对"他们全身心地管理和服务的人民非常轻视"；而且所有这四个人物"在他们的传记中都被看做是可恶的人民大众（miserable populace）所错误判断、背叛、迫害的人，而后者的安全和幸福又依赖于超人的能力和对国家的服务"（pp.276-278）。阿戴尔观察到，汉密尔顿心目中的第一英雄是朱利亚斯·凯撒，他是通过阅读普鲁塔克②（Plutarch）所知道的：

---

① 伏西翁（Phocion，约公元前400—前317年），雅典将军，演说家。特莱（Tully），即罗马的雄辩家西塞罗。卡米雷斯（Camillus），罗马将军，在公元前3世纪左右发明了"军团步兵三纵深"战法。伯里克利（Pericles），希腊领袖，特质是创新/思辨。——译者注

② 普鲁塔克，希腊的历史学家。——译者注

第五章 英雄工厂：美德的困境

普鲁塔克的凯撒是世界上最险恶的成功故事里的英雄——一个卓越的天才，他只能通过对其同事行使不受制衡的权力来实现自我……他"对荣誉的热爱和对卓越的激情"使他在战争中遇到了他的职位本来不应该有的危险。他知道他自己的天赋，并确信他能够得到最想要的东西，他也认识到罗马这种社会不稳定和政治失序的状况是典型的大革命时期，这可以从他自身对权力的追求中看出来，这种权力被用来重建社会秩序，并带给他永恒的名望（p. 279）。

阿戴尔从朱利亚斯·凯撒和汉密尔顿本人的事业生涯中发现了很多令人惊讶的相似，他总结到，汉密尔顿想要秘密地超过乔治·华盛顿，这个野心可能在某些问题上会歪曲他的判断，也可能使他在条件允许的情况下，"用方便和容易的方式来篡夺宪法外的权力"。阿戴尔在承认有必要进一步研究汉密尔顿后，评论道："不管我们暂时怎么说，直到发现更多证据之前，汉密尔顿仍然看起来是一个政治家，因此也可以用新古典主义的修辞来描述：'诅咒他的美德（curse on his virtues）；它们**几乎**毁灭了他的国家'。"（p. 284）

通过性别这个视角，我们是怎样发现汉密尔顿这个公共行政人员成为追寻名望、荣誉和声望、在历史上留下印记、在历史观众前行动的人的呢？我们已经看到，甚至非女性主义的学者也注意到了名望和荣誉包含了文化上的男性化特质。梅则（Mainzer, 1964）观察到，荣誉的概念一般对女性是不适用的，并批评它过度"野蛮"，他说，这导致我们忽视了我们本性中温柔的方面。阿戴尔（Adair, 1974）注意到弗吉尼亚绅士（Virginia gentlemen）的荣誉准则并没有使他们放弃拥有奴隶，或是使他们不认为女性是智力低下的人。

此外，在前几章中，我们碰到了与名望、荣誉有关的某些其他问题。例如，正如我之前所讨论的，超然和独立的男性化特质是与自主权相联系的，这对职业行政人员和作为领导者的行政人员都一样，并且有证据表明如此。勒纳（Lerner，1986）注意到，"对男性来说，荣誉的真正概念体现了自主权，自己决定的……权力"，这种权力的确是一种特权，是白人女性在父权制下很少能拥有的权力，更不用说贫穷女性或有色人种女性了，一般来说，她们都受到家庭和她们身体的限制，而家庭和身体又是由她们的丈夫和父亲——或者说所有者和主人——所控制的（p.80）。①

使自己出名，被历史的观众所注意到，这些都要求独立性；某人的成就一定不能埋没在机构的工作中，而要被注意到并被赞美。正如我们在第三章中所看到的，对自主权的男性化渴望是和回应性的女性化期望相冲突的。格林（Green，1988）指出，像汉密尔顿（以及伍德罗·威尔逊）这样的行政人员，既是独立的，又是从属的，这种"极大的权力"（large powers）促进而不是阻碍了责任，因为汉密尔顿式的行政人员渴望被注意。但是，格林提出的如果不是庄严的责任概念，就是一种相当父亲式的责任含义，它包括通过保护人民不受其自身冲动和错觉的伤害来赢得人民的忠诚，因此为了保持这种渴望的独立，它通过向外部投射这种回应性，来处理对女性化回应性的需求。梅则（Mainzer，1964）注意到，如果荣誉要具备道德的含义，那么个人责任和批判性的伦理思考就是必要的：

为了表现得独立、重要，人们必须在组织外，或是在组织

---

① 它不应该只是被视为一种古代的现象。可以看到，只是最近，一些州的法律才得到修改，禁止丈夫强奸他们的妻子。

第五章 英雄工厂：美德的困境

高层，而不是成为一个下属……如果日复一日，年复一年，人们在其生活中最重要的功能就是做一个下属，那么这可能会影响对一个人最基本的和长期的判断……本特海姆（Bettelheim）发现，在集中营里，要想像个男人似的生存，尽管可能很堕落，但是一定要始终认识到，不管是什么代价，除了一个男人永远不会屈服这一点，还一定要认识到自己顺从的理由和对顺从的态度（pp.86-88）。

在这里，梅则是想要引起对构建有道德责任感的官僚行为所面临的困难的注意。但是对女性来说，人们必定会阅读到这样的一个段落，即反映女性不是"在外部或者在高层"，而是在内部或者在底层，在她们生活中的每个方面都被视为下属，并被告知她们的地位是有意义的（但是只对她们自身而言）。当然，梅则的意思是：事实上，很少有**男性**会长期位于组织的高层，但是男性本身必须这样做，否则他就不是真正的男性了。

我们（在讨论将职业作为一种兄弟关系时）也探讨了格林的观念：汉密尔顿式的行政人员一定要全身心地投入他们的工作；讨论指出，对大多数女性来说，这种投入是很困难的——她们对家庭生活和抚养孩子的责任，和男人全身心地投入他们的事业相比，容易导致她们失去男性的这种自由。因此，汉密尔顿式的形象对女性来说一定是有问题的，因为这种父权主义（Paternalism）和对工作的全部投入，对许多女性来说，都很难做到。

另外，还有许多其他问题有待提出。其一就是以汉密尔顿式形象为前提的心理假设。汉密尔顿（和大多数其他联邦主义者）认为，人性本质包括个人利益和个人野心。很明显，支持个人利益实际上是所有人类行动的源泉，这一观点与母爱以及对家庭的妻子般的责任理念是相冲突的；在女性对她们的丈夫和孩子无私奉献的意愿下，一定有些并非个人利益的因素——这种意愿是整个自由主义将生活分成公共和私人领域的基础。个人的野心（personal ambition），尽管不像个人利益这个假设那么普遍化，但是也不太适合用来激励女性生活。正如我们对领导者含义的正确理解，野心一般而言是和男性化联系起来的。此外，最近的一些研究也指出，女性一般并不为外界认可的需求所驱动。例如，马库斯（Markus, 1987）发现，她所研究的女性将成就和一些具体目标的达成相联系，将成功看成是私人的一些事情，例如获得自信，在困难条件下得到信任，或是很好地处理了她们的双重角色。马库斯提出，只有通过改变成功的主要定义（即通过全身心地投入一个全职事业而获得认可），女性才能"成功"（我们可以加上这点，即获得名望和荣誉）。她注意到：

> 这种改变将意味着……女性将不再是"压抑人的价值的唯一场所"，也就是说，她们将不仅能够克服社会归属对她们"性别角色"的限制，而且将只属于她们的、但是（现在）只在私人领域里应用的那些行为和感情模式带入公共生活中（Markus, 1987, p. 107）。

但是（引自 Ellen Goodman），她警告说："改变成功的表象比改变其意义要容易得多。"（p. 107）[①]

名望的公共性也是有问题的，因为像西方对公共领域理解的其

[①] 阿戴尔（Adair, 1974）注意到，阿莱克斯·德·托克维尔将许多建国之父看成是："女神、成功，而不是名望神殿"（p. 22）祭坛的崇拜者——他们将男性在女性获得男性意义上的成功努力中设置的障碍看成是一种过分的投射，的确，这对女性是一个不公正的判决。

第五章　英雄工厂：美德的困境

他方面一样，公共领域的前提也是基于这种家庭领域的存在，即低级需要，如衣、食、住以及繁衍后代都是和女性对它们的责任绑在一起的。而在公共领域中，意味着要在观众面前行动，要看和被看，这是一个可以追溯到古希腊的理念。白兰蒂（Brandy，1986）注意到，"在这种生活的剧院式概念中，当从外部看某人构成了最精确和真实的看法时，舞台后面就是不值一看的。"（p. 38）

在历史上留下独特名望的渴望也是追求名望公共性的一部分；这本质上代表了对永恒的追求。形成这种追求的行动本身就是抛弃身体上的需求，而去追求更高尚的东西——也就是，那些思想的东西；用公共行政的术语来说，为了支持制定政策和行使裁量权，对部门和管理问题的批判。但是，这些努力的最可能结果——进入历史并因此超脱死亡——代表了人一生最终的胜利。布朗（Brown，1988）的研究发现，这个主题在西方政治思想史上一直都存在，并从古希腊时就开始了。她注意到希腊人既厌恶又崇拜身体。另一方面，他们赞美那些看起来超过了人类极限的美或英勇的身体。但是，他们将普通身体等同于动物性——因为女性似乎尤其容易陷入其自身的身体中——和女性特质；因此，女性被认为是对男性的人身自由和潜力的威胁。布朗观察到：

> 柏拉图的"存在"与"成为"（being vs. becoming）的二元主义……揭示了希腊男人关于自然给他的自由带来的威胁的概念，这里他将自然视为女性。在政治和哲学中，男性力图达到"存在"（一个神和所有永恒的东西所处的状态），而逃避"成为"的泥潭。成为是苏格拉底描述的一个"野蛮沼泽"的状态。……成为、自然和女性……是彼此相联的，在希腊男人思想中也代表危险和颠覆。他对**陷入这个野蛮沼泽**的害怕，通过

英雄的政治和军事功绩以及对理性真理（rational truth）的狂热追求所表达出来。**被拉进**这个状态是害怕通过将自然和必需品当成传染物、需要形式的东西一样，以及最重要的是，当成从属于男性掌控的东西，来得到化解的（pp.56-57）。

布朗认为，对"超出"身体能力的追求在政治上是有害的，因为它被用来支持那些据说要求牺牲家庭利益（那些女性因为她们的经历而在心中最为珍视的东西）、甚至经常牺牲生命以便有利于国家利益的政策。当然，第二个结果就是，通过将女性等同于较为次要的身体问题（bodily concerns）——国家利益是首要的——女性对名望和永恒的追求，充满了我们在职业主义和领导的案例中看到的同样的紧张。女性在文化和意识形态上代表了"野蛮沼泽"——或者可能，根据本章开头的那段引文，埃米莉·狄金森的"令人钦佩的沼泽"——白人男性则是追求纯粹"存在"的人（狄金森的"公共的青蛙"）。女性过的生活给人的印象，就是那种说着"我是小人物！你是谁？"并在她们丈夫和儿子的成功上得到间接的快乐。实际上，相对来说，只有很少女性的丈夫和儿子真正有机会去获得名望和荣誉，但是这种刻板印象的力量是被广泛感知的，因而使众多不同女性难以认同这一形象，而这一形象也得不到其他人的认同。汉密尔顿式的行政人员的形象——强调自主权、超然、独立；个人利益和野心的假设；它的公共性和空洞的取向——都充满了性别困境。

英　雄

近年来公共行政理论家所作的合法化努力中的一个核心部分，

第五章 英雄工厂：美德的困境

是对模范人物的展示：真正的公共行政人员，无论是活着的或去世了的，他们身上体现了公共服务中最值得赞美的东西。这个努力的目标之一就是向广大公众展示，公共行政的实践是多么值得赞美；另一方面，就是提出这种精神并鼓励公务员对此作出努力，他们在过去20年来承受了来自各个方面（包括总统的）特别严厉的批评。重述模范生活的目的在于激起我们的情感，使我们以道德规范所不能做到的方式去追求美德，使人们注意到那些努力朝着高尚道德奋斗的人（Cooper & Wright, 1992）。

最近，贝拉维塔（Bellavita, 1991）则对模范作出了不同的理解，他提出将公共行政人员视为英雄。贝拉维塔对许多中层官僚"个人最好的组织体验（personal best organizational experiences）"提出质疑。他发现，行政人员描述他们经验的方式是和约瑟夫·坎贝尔所称的**英雄旅程**相似的，这个故事的形式是对冒险的渴望、痛苦的经历和回归。贝拉维塔用英雄旅程的框架来展示几个实践者的故事，目的是指引其他公共行政人员。

贝拉维塔（Bellavita, 1991）提出，一个公共行政人员走上英雄的旅程，是出于一种义务感，"为信念而行动的"的机会（p.160），以及"做一些有意义的事的愿望"（p.161）。行政人员英雄，像坎贝尔（Campbell）一样，"沿途有人帮助，但旅程基本是个人的和自愿的事业"（p.162）。英雄的道德意义在于愿意牺牲"一部分自我，以实现超出个人利益的理想。牺牲的可能是时间、友谊、声望、家庭、事业，有时甚至是生命"（p.174）。

正如前文讨论监督者、名望和荣誉的追求者一样，将公共行政人员作为英雄的形象对女性来说也是不利的。特里（Terry, 1991）已经批评了这种英雄理念；他询问到，公共行政是否"对积极性的形象如此渴望……以至于我们要一网打尽"（p.2），他指出从荷马时代起，英雄形象的消极方面就一直影响着我们——英雄的暴力和鲁莽，自我中心主义，固执，男性统治的象征。尽管贝拉维塔的确提出英雄形象对男性和女性都适用，但是他在这点上的乐观主义被古代英雄概念结构上的男性化所掩盖了，古代英雄的形象早已刻在我们的脑海里。芬利（Finley, 1965）认为"'英雄'在英雄时代并没有女性"（p. 25）。他指出，基于身体强壮和荣誉的英雄准则并不承认其他可能的理性探讨，也不包括社会义务——事实上，"社团能发展起来，只有通过驯服英雄，磨平他的锋利"（p. 125）。在英雄的世界中

> 女性的低级地位既没有被隐藏，也没有被理想化……事实上，从荷马时代到希腊末期的文献中，就没有关于"丈夫"和"妻子"具体含义的普通词。一个男人就是一个男人，一个父亲，一个勇士，一个贵族，一个首领，一个国王，一个英雄；从语言来说，他几乎从来不是一个丈夫（Finley, 1965, p. 136）。

芬利注意到妻子通常被指为"床伴"（bedmates）。

那么正如特里所指出的，问题是我们是否只能吸收这个理念的积极的方面，同时抛弃消极的方面。当然，说我们能这样做，意味着我们使用这个象征和形象是由有意识的理性所驱动的，我认为，作为卡尔·荣格学说的支持者，坎贝尔也会否认这个假设。此外，人们的自我认同影响了是否能挑选和选择出形象的一些方面的容易程度，或是判断某些特征对他们的影响无关紧要，或是这些特征对我们对整体道德价值的评估来说是相对不重要的。例如，布鲁姆（Blum, 1988）对奥斯卡·辛德勒的评判。奥斯卡·辛德勒是托马斯·肯尼利写的《辛德勒的名单》一书中出名的人物，他冒着极大

第五章 英雄工厂：美德的困境

的个人风险，在二战期间拯救了上千个犹太人的性命。尽管布鲁姆认为他似乎是一个"浪子"，除了妻子，还有两个情人，但他还是认为辛德勒是一个"道德英雄"。布鲁姆指出，如果认为辛德勒因为其性问题而不符合这种资格，那将构成对"好色和性的否认……而从人类福祉更宽广的角度而言，很难证明是合理的"（p. 200）。布鲁姆认为，既然性活动对身体和感情健康来说都是必要的，那么我们会发现很难因为辛德勒不忠而认为他有错。布鲁姆说，尽管这很明显使他的妻子"痛苦"，但辛德勒的这种私通活动并没有立即将他排除在英雄名单外；我们"必须知道他们关系中的更多具体特点"。布鲁姆评论道："并没有证据说明奥斯卡对爱米丽不好"（p. 200）。布鲁姆没有告诉我们，尽管我们所要知道的关于辛德勒婚姻的事情使他的妻子很痛苦，但是这使得奥斯卡的不忠在道德上是可以接受的；显然，布鲁姆并不认为导致这种痛苦的行为是错误的。布鲁姆总结到，辛德勒的性行为使他"成为一个本来可以做得更好的道德模范；但是我想，他仍然是一个道德英雄"。

但在我看来，对辛德勒的评价，是比布鲁姆的评论还要令人困惑的问题。布鲁姆（Blum，1988）的评价看来是基于这种假设，即性犯罪——例如，破坏丈夫和妻子之间的信任——对一个人的整体道德评价比起愿意冒着生命的危险去拯救其他人的生命来说，是较为次要的。可能他是对的——但是这样一个我们不太肯定他是道德英雄的人，能被称做道德英雄吗？我不愿意对辛德勒的性行为给予低的评价，部分是因为存在公共和家庭领域之间的界限 这使得对评价男性来说，男性对女性的统治和虐待似乎并不重要；可能正如历史上的这种行为，对女性处于这种情况的判断则和男性截然不同。埃尼塔·希尔（Anita Hill）对高等法院被提名者克拉伦斯·托马斯（Clarence Thomas）性骚扰的指控显示了同样的问题——不只是托马斯是否做了希尔说他做的事情,而是,如果他做了,是否这些罪行足以影响到取消他的提名资格?直到它被媒体曝光后,参议院才公开探讨这个问题,这也表明了都是男性的法院审判委员会并不认为这种指控具有真正的道德意义。在评估拥有奴隶的建国者的道德水平时也存在相似的问题;可能非裔美国人在评价宪法起草者的妥协时(使奴隶制合法化以便换取南方各州加入联邦),会承担不同寻常的道德重压,因为他们的祖先和他们承受了这种妥协的"外部性"的重担(对这个评价,可以参见 Bell,1987)。

通过性别视角探讨英雄或典范的含义,需要我们以全新的姿态来研究它们。首先,我们更清醒地意识到,我们对英雄的选择揭示出什么对我们来说是重要的东西;美国文化里的许多英雄都是相当"居高临下的"人物,或是那些在残酷竞争中胜出的人——例如,将军["风暴诺曼"①,专业运动员,商业上的"创造奇迹的工人"(Lee Iaccoca)]。英雄形象文化的男性化使得女性英雄成为一个异类,是对我们平常思考方式的挑战(注意:从印象上来说,**女英雄**更多不是做伟大事迹的人,而是被英雄拯救的人)。爱德华兹(Edwards,1984)提出,就身体强壮或社会权力而言,我们定义的英雄主义将女性排除在外,但是他逐渐认识到,将女性作为英雄能够重塑我们的理解:

> 女英雄撕开了现实表面……迄今为止,她和男英雄是相似的,但是她质疑了性别和行为之间的传统联系。如果……她能够做到他能做的,那么父权制的禁令就是一个谎言……当她和

---

① 原文为 Stormin'Norman,1991 年伊拉克战争中指挥"沙漠风暴"行动的诺曼·施瓦茨科普夫(Norman Schwarzkopf)将军。——译者注

第五章 英雄工厂：美德的困境

男英雄有所不同时，她就可以否认英雄主义和性别**或**行为之间的联系了（pp. 4 – 5）。

华纳（Warner, 1981）对圣女贞德的研究提出了一个女英雄如何"撕开……现实表面"的经典例子。华纳认为，在贞德的文化观中，男性价值观意味着勇气，而女性价值观意味着虚弱，她需要一个"美德的框架"（framework of virtue）使得她能够"将她自身的形象和她的行动相匹配"（p. 147）；因此，她穿上盔甲，这既可以保护她不受男人的攻击，又"通过模仿他们的外表以发挥他们的功能来隶属于男性"（p. 155）。但是华纳指出，贞德从来没有假扮为一个男人，这个少女穿着男性盔甲的形象构成了"第三种秩序"参与的象征（p. 145）——既不是男性又不是女性，但是又体现了两者中的一些特点而不掩盖彼此。因此，贞德完成了爱德华兹（Edwards, 1984）所提出的女英雄所应该做的：她"推翻了社会事实的专政，揭示了这种可能性"（p. 237）——但是（正如华纳所注意到的），她们使"男性化像滚石一样滑落，平等成为模仿的过程"（p. 155）。

华纳（Warner, 1981）提出了在性别基础上对英雄或典范反思的关键问题：我们能否有这样一个形象？它不要求女性为了符合要求而"穿上男性化的外衣"，正如我在其他地方所论证的，几乎很少有女性能达到美国公共生活中重要的权威和权力的位置（即公众眼里能看到的位置），对公共部门这种道德上有意义生活的位置的渴望的女性实际上并不知道——她们可能会成为——什么，或是谁（Stivers, 1992a）。我们非常有必要审视一下这几个女性典范的生活，不是不加思考地将她们和对男性生活的审视中得出的公认标准相衡量，而是从这样的角度，即看到她们不模仿男性而努力去实现目标，她们管理其女性特质的需要（正如我们在领导一章中所讨论的），她们生活世界的许多价值观和标准与她们的实践不相符合，并由此使她们面临很多困扰。随着我们越来越了解这种女性，可能——如爱德华兹指出的——我们对构成英雄或典范的公认含义将会改变。

对于让公共部门中的女性充当美德的典范，我们有必要在我们定义有道德的生活方式中，至少作一个重要的结构性改变。我们必须扫除公共和家庭生活之间的障碍。这当然是一个棘手的问题；在美国，政治生活的语言使我们只能将私人行为的讨论当做小报或是脱口秀主持人的开场白。那些渴望回到政治辩论中讨论基本问题的人，将公职候选人的性问题上的小错看成是选举政治的堕落。但是，不谈论公众人物的私生活的法则有其成本，也有收益——例如，如何描述典范在处理公共和私人义务之间的冲突所引起的道德困境成为难题。我们的英雄是那些完全奉献于公共事业而对他们自己的孩子不闻不问的人吗？不忠或性骚扰对我们评估公共生活的价值真的**无关紧要**吗？只要我们仍将公共领域和私人领域的道德问题区分开，那么我们就不能充分考虑这样的问题。

但是，我们可以将讨论深入下去，问问我们到底是不是需要典范。费舍尔（Fisher, 1988）提出典范或英雄使得"统治的逻辑通过鼓励我们**仰望**'某个特殊的女性'，而不是四处选择那些我们可能学习的女性"而永存（p. 212）。她观察到，今天许多女性都在努力营造那些并没有先例可循的生活，因为她们不再符合这些年来给女性设定的社会角色；因此，典范对这些女性所面临的困境并没有提供确切性的答案。在这种情况下，费舍尔提出创造角色模范（role model）或典范是一种"道德信仰"的行为，一种发现的历程，一种探索；但是"我们会发现，我们自己不断地处于道德领域的前沿，在这其中，我们或是其他任何人的经验，或者对世界的知识，都不能保证我们将来会如何改变"（p. 217）。她总结说：

第五章 英雄工厂：美德的困境

其他女性生活的理想类型能帮助我们寻求（意义），但是，最终，我们在和其他人谈话、工作中展示**我们自己的**生活方式对我们的生活有更为重要的影响……不只是我们的成功……也包括使得（它们）成功得以可能的条件和我们不能克服的矛盾（Fisher，1988，p.231；黑体字是作者加的）。

从这个角度看，我们找到我们自己的典范，将不是靠仰望，而是靠四处去看，通过倾听，通过向其他人展示我们自己。我们不是通过来自18世纪雕塑家乌东"英雄工厂"（Wills，1984）中沉思的建国者大理石雕像，而是通过倾听其他人的故事，一起前进，创造未来。

公 民

有道德的行政人员的第四个形象是公民形象。主要推崇者是库珀（Cooper，1991，1984a，1984b）；他提出"公共行政的民主合法性来自于公共行政角色的本质是被信任的。公共行政人员从最根本上来说，就是代表公民执行某些公共功能的公民"（1991，p.4）。对库珀来说，公共行政人员的道德义务是和那些追求民主的公民一样的；这些义务包括平等权威关系的实践（不是上下级而是平等的权力），对公共利益的追求，使专家在人民统治下的职业主义的一种回应性形式，和其他公民一直都有的契约或是共享的期望。库珀认为，行政人员最基本的义务是保持公民资格本身的实践；像维持具体制度和实施项目之类的义务是第二位的。库珀（Cooper，1991）的公共行政人员是一个"为我们其他人服务的公民",他代表其他公民行使权威,成为"为了公共利益的一个证人",呼吁我们的共同体变得更好(p.161)。

库珀概念化的研究精力主要是放在水平而不是垂直的方向上,因为他强调的是行政人员和其他公民所共享的而不是使他们分开的性格和价值观,所以他的理论比起其他公共行政的许多形象来说更为吸引人。我在最后一章将重新探讨库珀的这些观点。这里我只指出一个困境。库珀对有道德的公民资格的定义(即公民式行政人员最终保留和培养的义务)是"被正确理解的个人利益",一个从阿莱克斯·德·托克维尔(Alexis de Toqueville)得来的理念。库珀对这种公民资格的理解方式的兴趣,据他本人所说,主要是希望避免古典共和主义的影响,即不希望将国家视为是第一位的;他想要一个适合现代角色多样性的定义——我们并不**只是**公民,也有许多其他的身份。因此,他所追求的理解是将公共美德和美国利益融合到个人发展中,不要求为国家而牺牲自我,相反,将自身的利益视为和他人利益交织在一起。这种开明的个人利益(Enlightened self-interest)并不是从国家自身发展出来的,而是在家庭、教堂、学校和社区联合会的调解制度中形成的。

库珀认为,被正确理解的个人利益——如果被正确地理解了——并不意味着自私。他提出,我们将个人利益中的个人视为"复杂的,曾经是家庭的和共产主义的个人"。一般而言,同分离的、竞争的个人形象相比,他提出桑普森(Sampson)"集体的个人主义"含义,其中个人是永远被其他人和团体所影响的——这个库珀观察到的概念更为符合非西方文化和女性主义者中的"个人主义"。

库珀(Cooper,1991,pp.155-156)提倡这种被正确理解的个人利益,是因为,正如他说的,"个人利益现在正如它过去对于托克

第五章　英雄工厂：美德的困境

维尔一样，看来是不可逃避的。目的并不是要消除它，而是限制和压低它"（to bound and humble it）（p. 157）。但是，个人利益对谁来说是如此不可避免呢？很明显，个人利益这种普遍性其实是有问题的。库珀注意到，几个作者在研究中对公共领域中个人利益的普遍性表示了怀疑。但是他并没有质疑这种假设的根源，后者主要基于文化上像竞争、自主权和掌控之类的男性化利益；他也没有质疑这种矛盾，即一个看来如此"普遍"的人性却没有进入"这个无情的世界的避难所"——家庭。对被正确理解的个人利益的教诲依赖于这样一个领域的存在，在这个领域中，不管怎样，所谓的"个人利益"都是毫无意义的。

事实上，库珀仍陷于这种谬误的推理，即从假设人性本质上是自私的开始，然后接纳这种重新定义，某种混合了个人利益的变量，即人类所有的行为看起来或感觉上并不都是个人利益取向的。只有当所有人类行动都被认为在某种程度上是个人利益取向的，我们才需要"被正确理解的个人利益"。女性的家庭经历（可能一些男人也有）告诉她们，并**不是**所有的行为都是个人利益取向的。如果是这样的话，那么可能这种被正确理解的个人利益就会更有意义了——对库珀研究的方向来说，也会更具有变革性——根据库珀的理论，在家庭、学校、教堂和邻里协会所培养起来的地方，会发现具有美德的公民典范。当然，问题在于从家庭或附属领域传播思想到公共领域是不合适的，这也是大家公认的观点——这种观点使得多年来文化上有女性特质的观点不能对公共事务施加任何影响。女性主义理论家开始从这些方面提出建议（例如，"母亲的思考方式"，Ruddick, 1989），我将在最后一章探讨其中的一些观点。现在，我们知道，如果不理解西方政治思想支柱的男性化根基，例如个人利益和公私之间的区别，就不能理解为什么库珀的观点会以这样的形式出现，这就足够了。

结　论

在对公共行政中美德理念的探讨中，我们对性别困境的回顾已经确认了这几种形象的基础在于其男性化的特点。这些理论的潜在目的，本是为行政权威辩护以复苏公共美德的理念，却不小心变成了以性别为基础对社会生活的区分，即将其分成公共和私人部门，这种区分使男性首先对公共事务负责而女性首先对家庭义务负责，从而使公共部门具有男性化特质，私人部门具有女性化特质。公共生活的本质在于，它是由独立的、理性的、自主的男性（或是"变成"为男性的女性）所主导，他们保护公共利益（有时候只是作为公共物品的不同申请者的仲裁人来行事），并控制人民的冲动。公共领域的行动者行使他们的义务，是出于其所谓的开明的个人利益，以便为那些聪明和善良的人（彼此）所认可，获得名声，从而载入历史。家庭生活的本质则是支持公共部门的生活——提供公共生活得以继续的物质条件，灌输对公共利益的偏好。因此，公共部门的存在依赖于人性的主要假设并不适用的另一个领域——即充满了美德（善意、无私）且不追求名望的家庭领域。

因此，公共美德理念的提倡者面临艰难的任务，即为公共生活带入一系列被认为不只是不适用，而且和它的假设完全相反的特点，代表着感性的、亲密的、无私的（因此是软弱的）女性特质对理性的、开明的个人利益的和自治的男性化特点的侵入。公共美德的理念本身并不令人反对，但是我们必须认识到，公共美德的存在是基于我们从概念和实际上将社会生活区分为两个不同领域的存在，并

第五章　英雄工厂：美德的困境

将一个领域（和它的居住者）置于另一个领域（和它的居住者）之上。当然，只要我们提出的形象和典范仍然是加强公共生活的男性化特征，而不是相反，去减少这种男性化特征，那么真正的公共美德就不可能出现。我们必须愿意去以新的方式思考，去进入费舍尔的发现历程（Fisher's discovery process），发现生活中前所未有的东西，不是通过建构英雄工厂，而是通过在我们可以找到的、同样目标的人民之间建构团结。我们必须准备**被认为**是不切实际的。我们必须愿意承认公共行政中的女性经纬，并准备编织一个新的公共行政架构。

100

第六章　从开始来看：女性改革者和行政国家的崛起

关于专业知识、领导和美德的理论探讨与公共行政理论结合在一起，大多数为行政国家辩护的论证都出自这三个方面。例如，一些作者为公共行政的领导者辩护，其根据是他们拥有高级的专业知识和对公共服务作出更可靠的承诺；其他人为行政人员的公共精神辩护，认为是技术和管理能力造就了他们的领导；还有一些人认为行政能力不只是技术性的，还包括领导者对公共利益比一般公民有更为清晰的理解，因此，它也使裁量权的行使更为合法。

这些主题在美国政府创建时期就已经出现了，当时的宪政体制包括了卓越的精英（意味着受过更好教育**和**更值得尊敬的人）和对精干行政部门的需求。但是，它们在进步时代意味着一种新的重要意义，当时，改革者为了塑造更为积极的行政政府而安排调整了它们。

我对专业知识、领导和美德的批评主要集中在当前的论证上，所以可能会导致一种印象，即女性在这些形象的历史发展中没起过什么作用。在这个基础上，读者可能会认为，从女性需要、女性的境遇和利益的角度去重塑公共行政，也就是说，让两个从来都没有接触的方面去彼此适应。本章讨论的目的是要更正这个印象，通过

第六章 从开始来看：女性改革者和行政国家的崛起

对19世纪晚期和20世纪早期（大约是1880—1930年）的描述——一个积极国家①发展和公共行政学科自我觉醒意识开始形成的时代，来回顾女性所扮演的角色。我的目的是指出女性改革者的思想和行动塑造了行政国家崛起的重要方面。在历史证据的基础上，我认为，尽管当前这个领域赋予了女性不太重要的地位，但是，女性的工作和思想在形成政府改革的理解和实践中是很关键的。我的论点在这方面是推测性的，因为关于女性在公共行政历史（而不只是改革时期）上的作用，我们的知识是不确切的。然而，通过文献，我们大体上可以确认女性在其中的作用。

我认为公共行政是进步时代产物的观点，主要是基于瓦尔多现在非常经典的研究结论。瓦尔多的《行政国家》（Waldo，1948）像伍德罗·威尔逊的"行政研究"的论文一样，直到出版前一直被忽视；然而，今天，很难想象这个学科没有瓦尔多，就像没有威尔逊一样。瓦尔多认为公共行政是一个在民主和效率的规范之间（或者用其他方式来表达，是参与和专业知识、价值和科学、政治和行政）不断协调或努力和谐的斗争。很明显，这种冲突自从建国时期起就一直存在；例如人们发现，在汉密尔顿看来，好政府包含着"精干"（即有效性）和"安全"（或者说，是对人民的回应性）。但是，瓦尔多对进步主义思想的分析使得它更为清楚，部分可能是因为它导致了公共行政职能活动的大幅增长，部分因为它所支持的特定价值观，进步时代改革运动提出了民主与效率之间关系的问题：

---

① 这里，将 positive state 翻译成"积极国家"，主要是指美国进步时代，由于许多社会问题的压力，人们关于政府的理念由原来的传统自由主义、社会达尔文主义的消极、不干涉的政府转变为积极的、管制型的政府。——译者注

进步主义的核心是对社会观察中的一个基本冲突。这个冲突是两种人之间的冲突，即一方希望未来是一个严密筹划和管理的社会，另一方仍然坚守古老的自由主义信念，相信如果进行了必要的制度和社会改革，那么通过自然和不可避免的过程，就会导致最大和最可能的利益（Waldo, 1948, p. 17）。

瓦尔多注意到，实际上，公共行政理论以牺牲民主价值观为代价，将行政考虑放在了首位。许多后来对进步时代改革进行研究的学者也赞同瓦尔多的观点。例如，韦彼（Wiebe, 1967）提出，进步时代"对秩序的追求"开始为了"治好"民主的道德含义，提出改善城市治理的工具，但是却演变为以维持社会和谐为目的，而后者又依赖于一个有行政效率的官僚制。斯克罗奈克（Skowronek, 1982）将这个时期看成是"顺从政治（a politics of deference）下道德绅士的传统利益……（和）社会科学家和专家的新的政策利益"的混合物，它使"意识形态冲突转变为专业知识的问题"（pp. 44, 166）。哈贝（Haber, 1964）对世纪之交这种效率崇拜的研究概念化为无知之罪和有智之善（ignorance-as-evil and intelligence-as-good）之间的冲突。威尔逊（Wilson, 1887/1978）本人则用政治和行政的动态机制来表达，并通过它们之间的分离来获得协调，也就是著名的政治—行政二分原则。行政人员通过将政治留给立法人员，集中精力对立法的命令采取中立的、专家式的处置，以为民主的利益服务。

在评估公共行政历史上民主和效率的冲突时，瓦尔多（Waldo, 1948）回顾了引发现代行政国家普遍流行的专业知识、领导和美德的形象的有关主题。他对**官僚运动**（Bureau Movement）的回顾，促进了对20世纪早期公共机构运作的研究，他总结出这些因素：

第六章 从开始来看：女性改革者和行政国家的崛起

官僚运动是进步主义的一部分，它的领导者也是进步主义的领导者。他们厌倦了19世纪简单的道德主义，尽管矛盾的是，他们自身也是被人道主义和世俗化基督的道德热情所点燃的……他们对科学的要求和承诺很敏感，相信发现事实就是一种科学的方式，并作为一种能够解决人类问题的充分的模式。他们接受——促进——积极政府的新的概念，使计划和管理社会的理念被边缘化。他们讨厌"坏"的商业，但是又从商业组织和程序中发现一种公共事业可以接受的范例……他们是热情洋溢的"效率理念"的使徒，是实用教育运动的领导者（Waldo, 1948, pp. 32–33）。

正如下面的讨论所指出的，道德、科学、"事实"、积极政府、商业、领导和效率理念都是进步时代通过女性的思想和努力所形成的理念。这些进步主义的理念主要围绕前面章节中所探讨的形象，仍是用来为行政权威辩护的理念：专业知识（科学、事实、商业方法、效率），领导（积极政府、公民教育、智力合作）和美德（道德）。我认为，女性改革者在创建这些术语和象征中扮演了重要角色，正是通过这些术语和象征符号，支持者促进了积极行政政府的建立，并后来为之作出辩护。通过探讨女性所扮演的角色，我希望不仅引起对她们贡献本身的注意，而且希望这些在美国行政国家发展的关键时期所形成的关键理念所隐藏的性别困境和矛盾，也引起注意。

基于历史文献，我想提出的主要观点如下：

1. 在19世纪，一般认为美德是私人领域的特点，它与"真实的女性本质"（true womanhood）理念相联系，这种理解掩盖了女性慈善活动重要的公共意义。

2. 在行政国家扩张以前，善良的女性在协调对弱势群体的同情和在生活各领域不断增加的商业方法的冲突，预示了民主和效率之间的这种核心冲突。

3. 尽管有观点认为女性的慈善工作是家庭的一个方面，但实际上，它是许多当前政府服务功能的先驱。当要求政府为有需要的人提供服务时，女性总是处于最前线。

4. 尽管女性在开展服务活动和促进积极政府上扮演了重要角色，但是美德（因此也是"改革"的）一直以来的女性特质形象使得行政国家的支持者用文化上男性化的术语来表达他们的论点，因此也使女性在公共行政崛起上所扮演的重要角色变得不明显。

真实的女性本质

要理解改革时代女性影响行政国家发展的过程和方式，我们必须首先从 19 世纪关于性别角色的理念如何影响了我们对公共和私人美德的理解开始，即女性慈善活动尽管被家庭领域的美德和私人领域的善行传统所限制，但是不管从其地点还是其意义来说，它在本质上仍然是公共的。

我在第五章中指出，在革命时期的共和国的母亲们理念通过使家庭成为美德的主要场所，使女性成为美德的主要赢家，促进了对美德私人化的理解。在 19 世纪前半期，这个理念扩展到所谓的"对真实的女性本质的崇拜"（Welter，1976）或是"对家庭生活的崇拜"（Kraditor，1968）。科特（Cott，1977）将这种文化现象描述为：

第六章 从开始来看：女性改革者和行政国家的崛起

母亲、父亲和孩子一起构成了私人领域的家庭，后者统驭文化改变、社会稳定性的维系和幸福的追求；家庭的影响向外构成了教会和国家成功或失败的根本，向内则构建了个人的性格……对家庭的看重是从未有过的，管理家庭的机构是全新的，赋予女性作为妻子、母亲和家庭主妇角色的重要性也是前所未有的。在北美，部长、教育者和虔诚的有教养的女性出版的著作都首先记录了这种道德，它使得女性的存在被视为成功的家和家庭（homes and families）的根本。相应的，在家庭生活实践中，对女性的"崇拜"可以通过具体行为所观察到，并描述出来（p.2）。

科特指出，在1780年到1830年间，女性在美国社会的地位比起以前，或者说在接下来50年里有了急剧变化。工业化的开始，雇佣劳工的普及，相应对工作的重新定义，都加深了白人男性和女性角色之间的区分，这种改变反映在对家庭生活的崇拜上。而同时对黑人女性和男性来说，当时他们几乎都是奴隶，在家庭和工作之间实际的区分是不可能的，收入较低的白人女性进入劳动力市场，一般成为纺织厂的工人或是小学老师，较为富有的女性则在家庭外做一些慈善活动，例如对病人和穷人的探访或照顾，或者是将自身投入包括废除奴隶制、禁酒和女性权利的事业中。

科特指出，尽管这些新的追求可能看来与当时普遍对女性及家庭生活的理念相矛盾，但是女性活动领域的扩大实际上依赖于这种意识形态：因为对真实的女性本质的崇拜为中产阶级或上等阶级的白人女性分配了一个相对独立的领域，并赋予她们其中的一个职业，给了她们一种对自我的认同感，提供给她们担当新的角色的力量（Cott, 1977, pp. 4-9, 200-201）。

同时,金兹伯格(Ginzberg,1990)认为,因为真实的女性本质的理念以及它们对家庭生活和私人善行的意义,使当时的人们没能看到女性这种以公共利益为取向的工作的公共意义,所以对她们正式参与政治的限制也更容易维持,对美德女性化的观点也能够继续保持。这种动态机制对今天的历史学家来说——包括那些公共行政学者和实践者——有助于掩盖女性慈善活动的真正内容、她们和政府非正式联系的内在的公共性,使人们认识不到她们为积极国家发展所起到的催化剂作用。

真实的女性本质意识形态的中心是女性的道德优越性——她的"虔诚、纯洁、顺从和持家"(Welter,1976,p.21),前提是它用来保证女性作为家庭和社会的道德监督者的角色,例如这可以解释当时监狱中主要是男性的社会现象(Ginzberg,1990,pp.12-13)。女性被假定为高尚道德的人和社会罪恶之间的巨大鸿沟,促使女性投入改造社会的运动:正如萨拉·哈勒(Sarah Hale)在1855年所写的,"确信'女性'是'上帝任命的**道德代理者**',巩固了这种观念,即女性的个人道德伴随着行动起来以改变世界的命令……女性作为代理者是如此温柔、广泛,而且她的行动并没有被看到,以至于世界几乎都不知道它自己已经被改变了"(Ginzberg,1990,pp.14-15)。

注意到真实的女性本质这个理念是一个非常白人精英的含义,这是很重要的。维尔特(Welter,1976)观察到,女性的慈善工作被认为是出于纯粹的感情因素,而不是为了钱或是为了野心:"'真实的女性天赋,'(作家)格蕾斯·格林伍德(Grace Greenwood)说,'从来都是羞怯的、有问题的和固执依赖的;一个永久的童年时代'"(p.29)。很明显,只有相对很少的白人女性,实际上没有黑人女性,能够不用考虑钱而去承担这种家庭之外的工作,而且在我们今天看来,"永久的童年时代"也是令人厌恶的,它有一种特权的

第六章 从开始来看：女性改革者和行政国家的崛起

含义，要求有一些收入来支持这种自我投入。勒纳（Lerner, 1979）指出，工业化的开始使得不同阶级女性工作的类型明显不同：

> 当女性的职业，例如梳理、纺纱和编织工作都从家庭转移到工厂后，贫穷的女性跟随她们的传统工作，成为产业工人。中产阶级和上等阶级的女性……成为女士……"女士"的形象被提升了……（同时）阶级地位较低的女性则干脆被忽略了（p.25）。

此外，许多白人女性开始公开怀疑，非裔美国女性是否能达到真实的女性本质，即使是她们解放以后。力图成为家庭主妇的自由女性被嘲笑为懒惰，而没有因为她们对家庭生活的奉献得到赞扬（Andolsen, 1986）。以前的主人和女主人"并不同意让自由女性'成为女士，由她们的白人丈夫供养'"（Sterling, 1984, p.xi）。因此，种族和阶级限制了女性对真实的女性本质的追求，相对来说，只有很少数的女性能够去追求这种真实的女性本质，她们有相对优越的生活，这也使她们不大愿意和那些不太富裕的女性姐妹一起去发现她们共同的事业（Allen, 1983；Andolsen, 1986）。

那些仁慈的女性实际上做了什么呢？据金兹伯格看来，女性的慈善组织一般来说是和男性相独立的，但是并不一定总是如此——不管是不是独立的组织——实际上，女性和男性是做一样的工作，包括筹集基金、教导、拜访有困难的人，以及做管理工作。女性和男性一样在委员会任职，准备报告和传单，写信，组织会议，游说立法机构，为她们的组织争取拨款。因为大多数白人女性改革者都嫁给了有相当财富和影响力的男性，她们依赖于这些关系，来游说和获得委员会的任命和委托。有色人种女性则没有这种关系，她们只能用提供私人的服务来满足自己（Gordon, 1990, p.24）。因此，在政府很少介入后来被称之为**社会福利**的时候，女性处于这种活动的前线，并为后来国家在社会福利领域上充当必要的领导角色作了准备。

金兹伯格（Ginzberg，1990）指出，女性通常和她们的慈善协会融合为一体，使她们能应对她们在法律面前的不平等位置（法律上，丈夫是已婚女性的监护人），为了实用目的，她们成为不是女性的法"人"（legal "persons"）。她指出，"女性被融合入慈善协会才能保护其切身利益，这使女性对慈善协会这个被保护领域的坚守开始怀疑"（p.48）。融合也使女性的慈善行动看来更公事化（businesslike），正如我下面所讨论的，这种形象随着19世纪商业公司社会力量的成长而变得日益重要。

男性不仅不反对女性的慈善和改革行动，而且将它们视为与真实的女性本质相和谐，即与女性作为美德的教导者的地位相和谐。因为女性作为不投票的人，法律上被定义为在公共领域之外的人，男性将女性的慈善工作看成是"超脱于政治之上的"（P. Baker, 1990, p.63）。女性的善意是自然的，即使当它扩展到她们工作的制度化的时候，首先是在私人机构，后来是在政府机构自身。19世纪中期到晚期不断见证了对这种活动的分类："除了那些呆在家里的妇女、孩子、失业女性和战前就已经非常多的城市贫困寡妇，我们不断发现那些学校和工厂的缝纫和洗熨间已成为贫穷妇女挣工资的场所"（Ginzberg, 1990, p.60）。在内战期间和内战后，女性加入了政府资助的救援士兵及其家庭的工作；例如，卫生委员会包括女性助手，为战争提供食物、衣服和护士，女性还与战后扩张了的国家慈善委员会一起，协调救援活动（Ginzberg, 1990, pp.134, 196-197）。在19世纪后半期，白人女性俱乐部（white women's clubs）建立了女子图书馆和女子贸易学校，支持废除血汗工厂的立法，要求房屋更加安全，主张建立一个少年法庭体制，并帮助洁净水源和处理污水。当然，黑人女性是被禁止参与"进步"团体的（Neverdon-Morton，1989）。她们开创自己的俱乐部，最初是为了防卫黑人男性的私刑，但不久就扩展成大范围的行动：组建幼儿园、托儿所、日托项目、孤儿院和老人院，一般来说，也就是尽力弥补黑人社区，尤其是南方的黑人社区所缺少的机构（Giddings，1985；Lerner，1979）。[①] 尽管女性进入了许多领域，并带来了重要的社会改变，但是女性从事的慈善活动对她们应承担的适合角色的理念几乎没有什么影响。她们的善意仍然被看做是私人和家庭的表达方式，而不是公民式的美德。

变成公事化的

女性的博爱行动开始只是作为女性美德的一个表达和象征，在

[①] 19世纪非裔美国女性的生活使她们对当时的性别动力学（gender dynamics）看得很清楚，甚至比最激进的白人女性改革者还要更敏锐。正如卡比（Carby，1986）注意到，安娜·朱丽叶·库珀提出，那些白人男性的帝国主义冲动主要是在那些想保持她们经济特权的白人女性家庭所培育出来的。艾达·B. 韦尔斯坚持认为，白人女性提高的道德地位是用来作为应对大半个世纪以来白人对黑人男性的害怕和胁迫的基础。北方人同意南方白人保留家中的私刑，是将它描述为黑人男性对白人女性强奸的一种回应；韦尔斯认为北方白人男性对此让步的基础是他们认为，只有他们才对白人女性身体有所有权。卡比（Carby，1986）观察到：

> 韦尔斯（的）……对私刑的分析提供了（比库珀的）对家长权力更为细致的解剖，显示出它是如何操控性别意识形态来为政治和经济上的从属地位作辩护的……库珀更愿意相信男性教的东西并不能（通过）教育学习到……韦尔斯则指出家长制是如何……用对女性的控制来试图全力限制黑人男性的行动（p. 309）。

19世纪，它不得不为了顺应文化的发展而重新塑造自身。其中之一就是社会科学的发展，和不断强调将"事实"不仅作为有效慈善行动而且作为各种社会条件改进的必要基础。从历史研究来看，在一些地区，社会科学的义务被看做是和女性的利益以及女性对改造社会的参与相一致的；事实上，社会科学被看成是女性合适领域的一部分。1874年，美国社会科学协会的秘书长富兰克林·桑伯恩说："社会科学的工作字面上就是女性的工作……但是也有各种性别和年龄的人的领域。"（引自 Leach，1980，p. 292）他将社会科学看做是政治经济的女性化方面。女性在她们的作品中能体现社会科学的关怀和方法，因为她们和男性都认为她们自身和基于道德感情的慈善是一致的。

但是，慈善工作的女性化科学逐渐地增加了男性化的方面，和女性心灵现在的习惯不一致起来。例如，纽约州慈善促进协会的创始人刘易斯·李·斯凯勒评论道："卓越的效率主要依赖于好的组织、纪律的行使和充分的工作。"斯凯勒强调"对规则的服从"、"团体精神"和其他"军人的特点"（引自 Ginzberg，1990，p. 193），这些规范由于内战而变得流行，但是也混合了对秩序和正当程序的科学考虑。金兹伯格观察到，战争期间对救援工作的需要被证明是慈善活动的一个分水岭，削弱了早期对道德完美的希望，提出了由制度来保证志愿工作的需要，用现实的"男性化的努力"代替了女性化的感情。战后的慈善事业更加尊重男性化的价值观，例如效率和科学（Ginzberg，1990，pp. 133-134），并逐渐将制度化的方法看成是慈善事业的目的而不是手段。

到世纪之交，社会科学的男性化特点融合了更广泛的社会利益，这些利益团体都非常看重效率（见第三章）。效率运动的影响从女性公共精神的活动扩展到家庭自身，并且女性开始试图将科学管理的

第六章　从开始来看：女性改革者和行政国家的崛起

法则应用到家务工作上来：

> "我们的希望是将男性和女性特质的思维更紧密地结合在家庭工业中来，使家务上升为科学工程的飞机"，一个家务管理的权威写道……家是可以被机械化、系统化的……"从纯粹的传统和社会习俗"中解放出来。女性可以从家庭的苦差事中解放出来，能够在社会上承担和男性一样的角色……在别处，中产阶级的母亲被告知要停止她"军人化"的工作，因为家是"公民生产的一个更大工厂的一部分"（Haber，1964，p. 62）。

因此，对效率的崇拜不只改变了女性在公共领域的工作，也不断用对适当方法的考虑代替了真实的感情，它还侵犯了原来被认为是经济考虑所不能及的生活领域。

在这个世纪，两种自相矛盾的发展趋势也逐渐显露出来：在慈善工作自身中，慈善活动的制度化、法人化和职业化逐渐压倒了女性对这种追求所特有的（即道德感情）理念；然而，同时，在社会上，改革工作整体来说也逐渐被看做是女性化的和无效的，尤其是和投票箱政治上精力旺盛的男性化相比而言。一方面，慈善工作不断的公事化方法要求职业标准；从这个角度看（正如斯凯勒对军人特点的评论所表明的），正是女性化的缺席——温柔的，感情的——使得特定的女性能成为一位有效的慈善工作者。正如金兹伯格（Ginzberg，1990）注意到的，这种对男性、女性不同风格和条件的否认，既掩盖了性别之间的真正权力的不同，也阻止了可能会导致性别不平等的减少这种激进观点的发展。另一方面，在更为广阔的世界中，美德被视为一个女性化的（因此是温柔和敏感的）性格的看法加强了真实政治——也就是党派政治——和非党派改革运动之间的区别。党派政治"提供了娱乐，是男性化的定义，是一种男性礼节的基础。……党派领导者通常使用从战争经验中得来的比喻……（和）认为那些发动有男人气概的战役的候选人"非常不错（Baker，1990，pp.60-61）。政党的忠实拥护者将改革者贬低为政治上无能的人，称他们为美国政治上的"第三性"，"制造女帽的男性"，或是"南茜小姐们"（Baker，1990，p.84n）。从男性政党人士的角度来看，从政治中去除政府的任何方面——例如，公共行政——的努力，看来都是削弱甚至是使公民资格男性化精力无能的一种努力；同样，支持女性获得选举权的战役可能会彻底摧毁女性和男性之间这种重要的区别："如果女性投票，她们会抛弃家庭和女性的美德；男性将失去他们的男性品质，女性开始像男性一样做事"（Baker，1990，p.69）。因此，这种情况到处都一样，性别动力学导致了这种矛盾，即不管从哪种角度来看，它都有助于维持使女性处于不利地位的区别。女性的观点和努力已经形成了一个完全是为公共利益服务的领域（慈善工作的领域），但是，女性的贡献仍然被一种职业主义的言辞所掩盖，即随着道德感情的名望被专业主义的言辞毁坏，而拒绝承认男性和女性做事方法上有任何区别；另一方面，在女性基本被禁止参与的公共生活领域中（选举政治），这种不同的修辞又妨碍了女性得到全部的公民资格（full citizenship），并使真实政治的含义仍然保持为实际上是男性化的方式。①

我认为，随着女性慈善工作的扩张，人们更倾向采用的方式逐渐变成了公事化的方式，这种趋势使女性参与的独特性所蕴含的价

---

① 这些动力学在我们现在的时代也一直都有反映：人们仍然在争论女性公共义务的适当程度（例如她们是否应该在战争中服役），这揭示出对消除男性和女性之间区别的不断的恐惧。例如，在波斯湾战争后，威廉·伯克利的专栏评论到，女性在战场上的场景对文明秩序来说是一个威胁，因为男性有责任保护女性。

第六章 从开始来看：女性改革者和行政国家的崛起

值被忽视。事实上，女性慈善活动和效率、科学准则的冲突，是瓦尔多（Waldo，1948）在公共行政理论核心所看见的（上文讨论过的）民主和效率之间冲突的前兆。在公共行政的发展过程中，瓦尔多指出，"和谐"这两种价值观的努力一般最终都以效率优先于民主而结束，他尤其指出，这两者之间并非真正没有冲突：事实会告诉我们怎样去做，而在那些知道事实的有识人士之间，是不会有真正的分歧的。例如，阿伦（Allen，1907）的《高效的民主》宣称："没有……事实用做判断的基础，公众就不能明智地判断和管理城镇、县、市、州或国家。没有公众明智的控制，高效的、进步的、胜利的民主就不可能。"（p. ix）但是类似的冲突已经发生了。就女性富有公共精神的工作而言，一套道德价值观——帮助、提高、改变社会的愿望——逐渐与客观化、效率和科学的要求相对，并逐渐被后者所吸收。不可否认，为了看起来有能力，人们需要变成科学的和公事化的。慈善工作不得不系统化、职业化，以便是有效的，并说明投入的花费和努力是值得的；确实，如果家庭自身被看成是一个"公民资格的工厂"，那么，女性和男性区别的积极的方面——那些可以为她们在公共领域中的慈善工作辩驳的理由——在公众的意识中，就可能会被那些用来证明女性不能承担社会角色的区别所完全代替。因此，女性虽然在促进改革事业中能够并一直扮演一种重要的角色，但是却是在以社会科学效率的名义混淆了她们贡献本质的情况下。同时，公共行政在此期间也得到发展，即慈善和改革工作被看成是和党派政治相对应的女性化特质，这种矛盾使男性改革者忙于清理带有任何感情色彩的——女性特质的——公共行政的新的**科学**——以确保慈善和改革工作是公事化的（见下文）。

塑造行政国家

迄今为止，我们的讨论见证了有关美德的女性特质理念在白人中产阶级女性慈善工作上的表现，以及为了回应高效从事这些活动的不断增加的社会要求，这种表现又是如何相应改变的。我认为，这种将慈善和专业知识协调起来的努力是公共行政中民主和效率冲突的先兆。现在，随着女性的私人慈善活动转变为政府的社会服务功能，我将要探讨女性在行政国家崛起中所扮演的角色。新生的行政国家的根基在于女性对贫困人士的慈善工作，以及她们对治疗城市疾病的更广泛的兴趣，这些都被忘却了，部分是因为历史学家经常忽视女性的这种贡献，但是更重要的是，因为慈善工作的女性化形象隐藏了它的公共含义。我认为，女性使她们的慈善活动永久化和制度化的努力，以及她们对这种活动社会含义的看法，直接影响了进步时代行政国家的崛起。在改革者作为一个团体开始提倡政府在改造社会运动中扮演领导角色的时候，女性改革者是其中的先锋，并力图通过获得政府的资助来维持慈善工作的公事化形式。因为女性看到了社会服务的不断增长的需求，这种需求的范围使她们认识到只能由政府处理，她们审慎地寻找新的政策和执行这种政策的行政能力。因此，19世纪末期，能力、美德和政府领导结合在一起成为行政国家主要的辩护方式，而女性是其中的主要行动者。

有许多原因促使女性将慈善活动交由政府资助，并使其永久化。例如，她们的活动扩展了她们对社会问题的理解，使她们看到了促使她们去行动的许多其他问题，因此她们认为，这些问题需要改革者团体协调一致的努力，单个团体并不足以解决问题。例如，基督教妇女禁酒联合会（Women's Christian Temperance Union）在见证了酗酒丈夫对他们贫穷妻子的虐待后，将原来对禁酒要求的目标更改为对美国社会的一个根本批判，和对公共利益更为广泛的理解（Baker，1990，p.68）。同样，女性市政改革者逐渐认识到更多的城市问题，理解了政府的考虑是和女性的考虑一致的。玛丽·比尔德（Mary Beard，1915/1972）评论道："正如知道要有效地'消灭苍蝇'，她们必须攻击它的老巢一样，女性也知道要去除这些病症，她们必须解决贫困人口的住房问题、罪恶的劳动条件、无知和恶性利益。"（p.211）在关于被正确理解的个人利益的论证中（见第五章），卡里·沙坡曼·凯特（Carrie Chapman Catt）在论述"为公民资格做好准备"时，观察到：

> 城市垃圾收集很快被看成是许多家庭垃圾箱的增加。城市的市场即是家庭主妇为她的孩子购买食物的场所，随着时间发展，这种市场也不断增加。政策体制对她来说，意味着保护她儿子要走的街道。女性比男性更容易发现政府的做法在每一方面都和她自身的工作相关（引自 Andolsen，1986，p.49）。

正如贝克（Baker，1990）注意到的，一旦女性认识到社会问题和地方事业一样范围广阔，并且不是一个志愿者团体所能单独解决的，它要求更为系统化的努力来处理这些复杂的联系，她们就开始转移行动的重心，从个人参与慈善活动如"友好的拜访"，到在工人补偿、教育、营养和住房检查等领域里游说立法机构（pp.71-72）——要求政府更直接参与改造社会运动的法律。将改革和改造社会运动的理念与政府的积极作用相联系，促进了这种趋势（Leach，1980）。社会科学"提供了和正式政府机构合作的逻辑，因为社会科学知道合作、预防和专业知识的重要性"(Baker, 1990, p.68)。因此，受到道德和科学的激励，女性改革者在使政府成为社会福利的领导方面扮演了重要的角色。

在后进步时代，女性选举权的获得极大地扩展和增强了这些游说的努力。莱蒙（Lemons, 1973/1990）对**社会女性主义**（social feminism）的探讨指出，许多重要的政策都是女性改革者拥有选举权并成为选举政治的力量后所提出来的。例如，据莱蒙观察，1921年的《谢泼德—汤纳产妇婴儿保护法案》（Sheppard-Towner Maternity and Infancy Protection Act of 1921），就是"女性获得完全选举权后第一个重要的分水岭"；法案的制定主要是妇女团体压力的结果，后来妇女团体还为此努力，以避免它被撤销（p.153）。但是，妇女们也提出了一些在传统女性所考虑问题之外的政策。20世纪20年代，女性投票者联盟研究了美国公共权力的问题，提出了公众对包括马斯尔肖尔斯水坝（the Muscle Shoals dam）——后来成为田纳西河谷局（TVA, Tennessee Valley Authority）的核心地带——的所有权这个纲领。她们的支持对田纳西河谷局的成立非常关键，当罗斯福总统在1933年签署这个法令时，联盟主席贝尔·舍温是当时在场的唯一一个非政府人员（Lemons, 1973/1990, pp.132-133）。联盟也是20世纪20年代和30年代期间公务员改革的一个主要支持者。它的纲领包括：

> 基于工作能力和技术的重新分类，晋升的绩效体制，联邦和州公务员最低工资制度，分类服务的扩展，各种公务员委员会的扩大以包括雇主、一般公众和行政官员的代表，委员会全部权力的授权以保持一个有效率的、非政治的行政部门（Lemons, 1973/1990, pp.134-135）。

第六章 从开始来看：女性改革者和行政国家的崛起

因此，女性不仅获得了政府对服务行动的资助，还提出了其他许多议题的政策，包括那些直接影响了公共行政能力构建的政策。

菲茨帕特里克（Fitzpatrick，1990）对世纪之交四位女性社会科学家式的改革者（social scientist reformers）进行了研究，她们都是在芝加哥大学受到训练的，研究指出，女性知识分子在运用社会分析以促进社会政策和改革制度化方面作出了巨大的努力。凯瑟琳·戴维斯（Katherine Davis），是纽约州女子教养所第一个负责人，提倡对犯罪行为和改正行为进行科学研究，并提出了对女子违法的一种新理解。弗朗西斯·凯洛尔（Frances Kellor）提出了对失业原因和结果的开创性研究，并帮助西奥多·罗斯福指导了1912年的公麋党总统竞选。伊迪丝·阿布特（Edith Abbott）和索弗尼斯巴·布雷肯里奇（Sophonisba Breckinridge）对城市问题进行了创新性的调查，并在一所主要的研究型——芝加哥大学创建了第一个研究社会工作的专业学院。这些女性都说明了作为个体的女性社会科学家是如何将她们的观点、利益和天赋与社会政策本身不断增长的利益相整合的——也就是说，用有目的的、协调的、制度化的努力去治疗社会疾病。

因此，当女性逐渐认识到对一致、大范围改造社会运动要作出努力时，她们也正处于那些推崇政府政策和策略行动的前沿，并且是推进行政国家早期出现的许多显著特征的领导者。

改革的性别

由于公共行政是美德被看做女性化时期有意发展起来的一种事业，所以男性进步人士感到有必要使改革看起来更男性化。由于害怕被他们视为政党流氓（肯定不是那些建国者认为的好人）的人批评为柔弱，所以公共行政中的男性力图通过去除任何感情色彩的——女性化的——改革以作出回应，以使改革看起来是坚强的、理性的、有效的和公事化的。例如，伍德罗·威尔逊（Woodrow Wilson，1887/1978）认为，有必要"加强和净化"政府，不要将行政看成一个"纯粹消极的工具"，而必须看成充满"极大权力"的工具。他那篇著名论文的结尾是这样预测的，"如果我们解决了这个问题，那么我们将再次领导世界"（p.17）。古德诺（Goodnow，1900/1981）将公共行政看成是一种"公正和公平的"努力，用"最高效的可能的"组织去从事这些"半科学、准司法和准商业或贸易活动的领域"（pp.88-89）。

对改革除去女性化痕迹的努力可以从他们对志愿者（即大多数女性）善意明显的拒绝中看出来。布鲁尔（Bruere，1912/1981）的评论是很有说明性的：

> 城市里的效率运动……开始……于利用市政府的最大力量来治理改造社会。这并不是出自要节省税收的动机，或是刺激这种努力的经济原因……而是确信只有通过有效率的政府，进步的社会福利才能获得，也就是说，只要政府仍然是无效率的，那么这些志愿者和消除社会障碍的个别努力就注定依然是一种无望的任务（p.93）。

相似的，查理·A. 比尔德（C. A. Beard）对市政改革中官僚运动持公开的男性化观点，目的是要将基于这种策略性权力的运动与不成熟的、自然的（因此是女性化的）过程相区别：

第六章 从开始来看：女性改革者和行政国家的崛起

如果……我被迫要用一句话说出我们的运动对现代文明最重要的贡献，我会说，是一种不断试验的研究理念，它在经济领域中非常有效，将它应用于公共行政事业上——以一种密切和深入的方式，这种理念在行政事业上的应用加快了现代人通过使用各种资源将人类自身从暴政和自然控制下解救出来的过程，现代人也逐渐意识到人类的命运就是会战胜一切的力量（引自 Waldo, 1948, p.33n.）。

结 论

在这一章里，我提出，如果没有意识到我们通常讲述的故事下面隐藏的性别矛盾的话，对进步时代行政国家在理念和实践上发展的理解都是不足的。我们看到，从绩效和意义上来说，女性的慈善工作都是公共的。白人和非裔美国女性并没有将自己限制在妻子的义务上，她们在慈善活动上非常活跃。随着时间流逝，这种工作使女性和男性都认识到扩展政府职责的必要性，那些积极工作的人也促进了政府的介入。改革者力图让政府承担的任务，大部分原来被认为是女性的工作，因此这种工作也被看成是基于一种特定女性特质道德的。随着女性的慈善工作和市政改革的努力不断混合在一起，男性改革者认为有必要去除围绕改革的女性特质痕迹（尤其是和政党政治的男性化魄力相比），确保它被看成是公事化的和有效率的——坚强而不是感情用事的。只要改造社会运动是美德的化身，而这个化身又是女性，那么它就只能被看成是（尽管有明显的证据证明不是这样）私人领域的。因为商业世界和政府在传统上都是男性的领域，把它们交给改革了的公共行政，以使工作更有效率，也就是使公共行政男性化。一开始使女性的慈善工作成为可能的所谓男女区别（真实的女性本质）的原始说法，现在不得不被那种支持职业主义、效率、重权和治理等说法所替代。在这个过程中，女性在整个文化—政治现象中的中心位置，引起公共行政显现自我意识的改革运动都被抹杀了。然而，围绕着民主和效率、参与和职业主义、价值观和事实之间的冲突，当代公共行政产生了很多争论，这些争论既塑造了女性在改革中的角色，也被女性在改革中的角色所塑造。需要有良好的管理来限制行政中民主的可行性，这种理念的论证和女性所服务的改革即慈善事业必须变成公事化才能生存的逻辑本质上是一样的。

在对改革时代历史经验的探讨中，我们主要讨论了公共行政形成过程中未被观察到的性别因素：我们原来认为是中性的理念，例如效率、公事化的方法以及行政科学，是如何在它们的历史发展中包含了有问题的性别偏见的。除非我们在这些问题上深入探讨，否则我们对行政治理的阐释将依然使女性无法摆脱那些不可能解决的困境。女性不能只是简单地代表公共行政房屋的"粉饰工程"，她们（我们）也不会满意于只贡献这种能力。相反，我们的任务不只是要再刷新，而且要从公共行政的历史源头来重新建设。

第七章　脆弱的窗户：改变之路

> 国家希望行政人员能够在位但不在高位，能被看到但不被听到，是忠诚的但不要过分自信……这种姿态的结果是奴性的、柔顺的、服从的、消极的职业服务，并将自身展示为一扇脆弱的窗户。
>
> ——路易丝·高思罗普（Louis Gawthrop，1987）

非选举的、终身制的官僚所行使的行政裁量权的合法性在于对统治权利（the right to rule）的宣称——这种权利在于它能塑造人民（有时候是其中的大多数人）的命运，而不是确定那些直接参与特定决策的人的命运。正如我们通过探讨所看到的，为行政国家的辩护通常是基于这种必要性，即赋予行政人员在政治和经济方面的公共行政权力，例如发达资本主义，或是利益集团政治，都表明了这种对事务和过程控制的需要。尽管这些论证看来是冷静的反思，但是它们也是文化战场上对政府自身角色和官僚特殊角色的一种辩护性的应变，尽管这并不重要。为了防止政策惯性和政治丑闻所引起的民众觉醒，抵制官僚无能的看法，理论家大胆地宣称行政权威对于完成公众的目标、保持关键的能力、促进重要的公共价值观是非常必要的。合法性的宣称也是对正当权力的一种宣称。

为美国这个行政国家辩护的声音一直不太稳定，因为人民对官僚制总是抱有固有的怀疑态度。但是，在这些论证考虑了性别困境后，问题看起来更加严重。本书在深入探讨当前对行政裁量权的合法性辩护后，引入了如下的考虑：大家公认在男性化与职业主义和领导的公共行政规范这两种理念之间的一致性；官僚制的结构和程序、行政事业模式以及公共组织生活动力学依赖于女性承担过重家务责任的程度；行政国家对限制女性生活选择的性别角色一直以来的影响；重要的行政规范体现了被压制的女性特质，例如回应性、服务和善意。本书中，我认为公共行政的自我理解，正如它反映在专家、领导和美德的形象上的一样，其文化内涵是男性化的（尽管它的男性化还没有被公开承认），但是它也反映了女性特质的一个重要因素（尽管它知识的女性特质意识现在才开始萌芽）。我认为，公共行政思想模式的男性化使得只有相对少数"例外"的女性才能进入高层位置，使男性和他们的利益处于特权位置。我论证了这种概念性的二元对立，例如公/私、效率/民主，它们不只违背了女性现在的利益和需要，而且也经不起实际经验的审视。我认为，公共行政思想的趋势是朝着潜在的普遍化方向发展的，这种趋势也使得历史上男性的实践和理念被认为是代表全人类的，而没有发现他们可能对女性利益造成的限制。我也指出公共行政理论在这种压迫女性的现实情况中出现，并因此而加强了男性对女性的压迫。这些现实包括职业女性所承担的家务劳动和有薪工作的双重负担，她们大多数被分配到较低层的职位上，玻璃天花板阻碍她们进入有最大权力和最高薪水的职位，她们和组织对职业和管理行为的期望不相符合。

在最后一章中，我想要探讨公共行政理论中这些差距和矛盾的一些影响。我的研究假设是，要消除公共行政应对公众批评的脆弱（例如上文对高思罗普的引用所反映的），不能只是烦恼于它的消极

第七章 脆弱的窗户：改变之路

和顺从的形象——女性担心被看成是消极的和顺从的，并不能让她们得到解放。我们这种二元化的思考方式，确信男性化和女性化是相互排斥的，有时候会使我们走向一种极端，而力图去避免或是否认另一种极端。想当然的，由于消极、顺从和脆弱是女性化特质，公共生活的女性特质也就成为禁忌。因此，公共行政人员，无论女性和男性都一样，都力图使自己看起来是技术型的专家、强硬派、像英雄一样的人物，而事实上，我们真正应该做的是，探讨我们对性别二元论既依赖，同时又否认。我的信念是，只有通过探讨公共行政的性别困境，而不是否认它们的存在，我们才能开始发展一种有益于公众认可的公共行政形式。只有到那时，我们才会发现使我们改变的路径。

在开始用性别来重新塑造公共行政理论之前，我们需要思考女性主义理论立场可能是什么样的，一些女性主义的理论推理是如何产生的。在这两方面，下面的观察仅提出有无数的可能性，并只起到催化剂的作用。我从对女性主义本质和女性主义推理的一些普通观察开始，然后重新探讨之前章节中的批评，通过能力、领导、美德、公共行政历史、行政国家本质这些理念，对如何应用女性主义理论提出一些具体的初步建议。本书最后以对公共行政的规范理论的探讨而结束——作为**明智**（*phronesis*）或实践智慧的行政裁量权——它是女性主义理论化中有改变潜力的一个例子。

女性主义的理论路径

很明显，在过去几十年里，女性主义得到了某种坏名声。这个学期，我和许多从事公共行政的女性进行了无数谈话，我一次又一次地碰到了这种矛盾：尽管和我谈话的大多数女性都坚定地支持同工同酬、平等的工作机会（包括那些高层的职位）、分担家务、更好地照顾孩子的能力，许多人都对提升工作在文化上代表的女性化特质感兴趣，但是她们很不愿意将她们自己和"女性主义"联系起来，她们认为它或是学术上的抽象，或是那些很狭隘的、甚至是恨男人的人。当我在一个最近的研讨会上，问玛丽·帕克·弗莱特（Mary Parker Follett）的理念今天是否被认为是女性主义者时，几位女性非常清楚地指出，她们认为**女性主义者**对弗莱特和她们自身来说都是一个不受欢迎的描述，尽管后来和我谈话的一个女性承认，迄今为止，她还没有读过任何一本女性主义者的书籍。法罗蒂（Faludi, 1991）可能是对的，即许多女性当前对女性主义者标签的厌恶是文化上对女性在女性主义"第二波"中所获得的收益强烈反应的结果，是一个对称呼某人为女性主义者的成本的反应。无论如何，有一点很清楚，就是像我这样寻求超出学术影响的论证，将这种有争议的术语引入讨论是在冒险。因此，定义一个我所认为的女性主义概念，看来非常重要。

首先要说的是，今天大多数女性主义的理论家不再相信只有一个明确的女性主义定义是可能的，而且也不希望这样。现在许多理论家谈起"女性主义"，是将它作为一种承认，甚至是庆祝一些女性观点的多样性，她们希望在理解世界时，也考虑到性别动力学的影响。有色人种女性一直是促使女性主义理论朝着这种多元主义立场方向发展的主要力量，但是人们都认识到这种观点就会使它普遍化，这也加强了一种趋势，即女性主义世界观将是复制了男性思考者所流行的过度概括（over-generalization），这使得基于精英白人男性的经验和考虑之上的观察和推理结果可以平等地适用于女性、有色人种、工人阶级和穷人等等。

第七章 脆弱的窗户：改变之路

那么，**女性主义**这个术语今天到底是指什么？对于一个"女性主义者"来说，它又向人们传达了什么意思呢？我认为主要有三点：假定性别是一个非常重要的分析变量；一个对女性当前的地位和前景的重要看法；或用格达·勒纳（Gerda Lerner）的话来说，"一套理念和实践的体制，假设男性和女性必须平等承担工作和权利，分享对世界的认识和梦想"（引自 Astin & Leland，1991，p. 19）。

用这些假设来描述一个女性主义理论路径最基本的方式，就是说，因为性别视角鼓励人们看到形成概念和结论的基础假设（经验的和其他的），女性主义者倾向于将理论看成不是工具性的，而是构建性的（Ferguson，1984）。理论并不是一个工具，我们要将它发展，并把它应用到外面现实中，即用扳手拧螺丝的方式，理论使世界成为中心——它创造世界，因此塑造了世界中的具体行动。理论组织了世界，将世界生存周期的流动性分成一块块或一个个领域，解释我们所认为的它们之间的关系，并由此使我们的经验更有意义。创造意义依赖于在事物间构建概念界限——依赖于能够在事物间辨别不同。因此，一致包含着限制；但是限制也创造了新的可能性，因为界限可以被突破或推翻或重新划定，或者我们也可以超出界限（Cocks，1989）。

理论构建的概念界限——它们所创造的世界——是一种权力，这是从力量及可实施性或能力的意义上来说的。"人们能够想到的限制设定了他们能力的限制"（Cocks，1989，p.30）。因此，当我们对一个特定理论领域的内外内容达成一致的时候，我们也对拥有这种生活方式的人们的经验上设定了限制。我们构造理论对话的方式，不仅使得某种程度的一致成为可能，而且也构建了一种正统，它使我们无法听到一些被定义为不属于这种对话的声音，因为它们提出了不符合或不属于这种理论的问题。我曾经在一次公共行政理论家的会议上听到一个著名的并且受人尊敬的人物说，他想要一种"结构性的公共论证"，它会使某些问题"禁止入内"——这个策略非常坦白和有自知之明，通过这种策略，这个学科的知识分子获得了一种相似的定义或超理论水平，它可以超出具体概念的争论，并能防止它们创造的世界被推翻。但是，对这些业已构建的界限的坚持（同库恩 1970 年所称的范式相近），也同时是一种合法性的策略和一种压制性的策略——它对认知内容的歪曲，对理论和实际生活都有相应的影响。例如，当性别或种族问题被看成是与公共行政理论不相关时，那些生活基本是由他们的种族或性别身份所塑造的人的最大需要和利益就被排除在视野之外。除非他们愿意说这种语言，否则他们的声音就会被压制，而这种语言根本没有考虑他们最迫切的问题。

一个女性主义的公共行政理论路径包含了将这些界限当成问题，探讨它们的隐含意义，包括与这些界限所维持的资源和权力相关的现实区别，以及这些界限所导致的个人和世界的观点。从女性主义视角来看，概念界限从来没有被完全隔绝，这也是某种幸运。因为什么**能**被理解和什么**不能**被理解是相关的，设定界限的努力越强，这种努力就越依赖所接近的界限那边的东西。不管"他者"（otherness）是什么，它总是尽力渗透某种特定的知识体系，因为一致几乎完全依赖于辨别不同的能力（Johnson，1987）。**他者**存在于理论所构建的最为坚固的躯体的空隙中——而公共行政远不是这些理论中最坚固的一个。因此，女性主义理论路径包括集中探讨公共行政理论**内部**的矛盾、不一致和争论，这与它开辟当前公共行政外部的理论一样，或是更多。

同所有知识一样，公共行政理论和女性主义理论都根基于某种利益（Habermas，1971），在物质资源的意义上说，是对共享某种社

第七章 脆弱的窗户：改变之路

会物品的宣称，或简单地说，是由于某种特定的吸引和好奇。女性主义的主要利益在于女性的解放。尽管女性主义在这个目的上的方法路径不同，但是一般来说，她们都认可女性主义不只是一种理论立场，而且是一种政治。尽管肤色和阶级的问题仍然产生分歧和争议，但是，女性在结束她们从属地位的斗争中发现了共同的事业，其基础正在于特定种族和道德团体中的性别动力学的本质或来源，而不是理论上的一致。

在女性生活和利益的问题被男性理论家忽视、去掉和反对后，女性主义者倾向于从这种观点推论，即强调特殊而不是普遍，容忍矛盾和不同，尽力接纳二元观点而不是要认可哪一个观点。女性主义者观察到，二元观点很少处于平等位置；相反，人们总是假设二元观点中的一种观点比另一种更为优越。例如，西方理论认为思想高于躯体，文化高于自然，公共高于私人，思想高于感情，男性高于女性（当然，这些都是同样类型的二元观点而非不同二元观点的一方面——因此，看来纯粹是理念上的等级制实际上却能够反映现实情况）。女性主义者想要用不同代替二元，为多种观点、为特别的乃至具体经验的宣称留出空间——因此，本书论述的重点在于，对公共行政中的专家、领导、美德的概括与女性在行政实践世界的多样经验是不一致的。当女性主义和其他理论包括公共行政理论相遇时，女性主义者想要与她们所力图改变的概念传统交战。这种行动包括不只是去除一些现存的东西，而是要用它的因素来创造一些更好的东西（Young，1987）——去扩展，彻底调查，或者说重新塑造现有理论的一些方面，以及提出新的议题。对一些女性主义者来说，这个目标看起来像是去努力创造一种没有什么可说的东西，男性创造的理论语言如此彻底地（由于它将男性化的观点和问题普遍化的趋势）排除了从任何女性的角度来说话（例如 Landes，1989）。其他

127

人注意到从女性本质出发去表达观点是有问题的，因为女性本质既不是一个生物的也不是一个典型的，而是一种不平等权力关系的功能（例如，Ferguson，1984；Young，1987）。如果男性或女性谁也没有感到被强制地去做彼此明显不是的那种人，那么，我们也不知道男性或女性将会成为什么样的人。因为我们都不知道我们可能会成为什么样的人，因此，也没有一个非性别歧视的社会经验来表明我们应该是什么样的人。女性主义者只能忠实于女性的成长过程，排除路上的障碍，包括理念和现实中的障碍——目的是解放。

公共行政的女性主义理论趋势

因为女性主义理论化类似于用一种根本不存在的语言去思考，而当女性还处于从属地位时，这种语言也不可能存在，所以，描述公共行政的女性主义理论本质还不太成熟，远景也不太明确，我们只是简单看到它可能会是什么样的。正如法国女性主义者朱丽叶·克里斯蒂娃（Julia Kristeva）观察到的，政治现实使得以女性名义去奋斗是很必要的，而且我们必须承认，在当前情况下，一个女性只有在她拒绝承认现实的情况下才能生存："因此我是这样理解'女性'的……即她不能被代表，不能被说出，还是在名义和意识形态之外存在"（引自 Moi，1985，p.163）。公共行政的女性主义理论，就像是一些**一定**存在、尽管还不能存在的东西，它开始于发现有潜力通往改变之路的"脆弱的窗户"，即那些进入的狭小路径，通过这个路径，性别问题渗透进现存的理论，而它能渗透也只是因为它的依赖性，即为了实现一致，而展示出它不是公共行政理论。正如约翰逊（Johnson，1987）所说的，女性本质"总是已经在屋子里的神

第七章 脆弱的窗户：改变之路

秘的外来人"；在外来人和房屋主人之间的关系（在女性和男性之间），是那种"两者都在同一屋檐下，却又被另外一方当做完全不同于自身的人"(p.35)。在这个意义上，公共行政确实有脆弱的窗户，我将在本书中尽力指出这些脆弱之处：为公共行政辩护反映了性别矛盾和冲突的因素，以及贯穿于公共行政历史和当前实践中的女性本质的思路（威胁？）。我提出公共行政既依赖于女性本质的存在，同时又否认它的存在——包括女性实际的生活际遇，以及例如职业主义、领导、美德、服务和回应性这类概念中还不被认可的性别因素。

通向改变的路径有哪些呢？也许我们可以通过对前面章节中提到的一些自相矛盾概念的再探讨来辨别，去发现那些被忽视了的因素，去对这些进行反思可能会有一些成果。

1. 专业知识

我们看到，当前研究官僚能力的理念都在强调它的中立客观性，而后者又依赖于控制自然的分离的自我，并将理想的知识形式看成是硬数据；这种客观性通过使国家成为不同利益要求的中立裁判者，促进了自由主义哲学价值观中的个人自由。然而，女性主义的角度揭示出，这种知识典范并不是不偏不倚的，因为自然和女性这种长期以来的联系，因为自由国家依赖于女性的从属地位。我认为，中立性的形式像布朗罗报告中对无名的激情或是黑堡宣言里提出的机构观点一样，都主要依赖于个体行政人员对构成一个特定机构所建构的价值观、实践和观点的认同能力，这些机构的价值观等产物是其历史和以前的成员所造成的。依赖于机构观点和个人认同之间的这种兼容性，特别注重生活经验的相似性，包括那些基于性别、种族和阶级问题的生活经验，而这些经验对那些不同于机构规范的女性和其他人来说，是一种困境。

在理论层次上，女性主义对机构观点的解释包括，首先承认曾被认为是中立性的（因此是普遍的）观点的不公平性；换句话说，女性主义提倡发展一种有关机构知识和价值观的社会学，其中，性别、种族和阶级都是主要的因素。这种研究将驱散认为机构观点是在文化真空中塑造的看法。我们并不能确认一个机构有"对公共利益最广泛的可能的解释"能力，如果它的判断是被那些相对少数人的价值观和经验所限制的话。理论家在没有探讨如何将有限的角度转变为真正考虑了多元观点的情况下，也不能肯定地认为一个机构对公共利益的解释是合理的。在实践层次上，通过肯定性行动和平等政策的实施，机构人员多样化的不断努力将会支持这种以多样性为基础的公共利益，但是，除非机构文化是这样的，所有机构成员都并不害怕将其自身的生活经验和价值观带进机构的思考方式中，**并**承认这种将个人观点转变为既多样又普遍的集体过程，因此可以说明机构能够保护公共利益。机构包括公共机构，在其成员资格面临种族和价值观的多样化时，经常将旧有的价值观和实践做法看成是普遍真理，而对由于劳动力增加的多样性所带来的新理念有偏见。我们要不歧视那些以前受到过歧视的人，需要正视他们的理念，正视他们的理念对现实世界所带来的改变。

现在，我们对专业知识的认知也包括自主权（autonomy），它的含义和公务员对政治的回应性义务是相冲突的。理论家描述身为代理人的行政人员，不能简单将其描述为他人的扩展，而应描述为在没有具体命令情况下代表他人行动的个体，就女性特质、回应性或作为他人的扩展这类理念之间文化上的联系而言，我认为这种平衡行为压制了性别角度。分离的自我在这里也展示出来，它阻碍了与

第七章　脆弱的窗户：改变之路

世界的联系和附属关系，使那些坚信反映了服务对象需要的努力转变为一种骄傲的源泉，而不是一种虚弱的象征。从女性主义角度来看，虽然并不否认对独立思考和判断能力的需要，但专业知识的理念太过强调构建移情和理解之间联系的能力。

客观性和自主权理念不仅使个人不再从属于该领域，而且使行政人员超越于领域之上。专业知识将那些行使权威的对象简化为一种依附状态：专业知识对客户的要求去政治化，贬低了公民观点的价值观，使他自身和非专业人员之间有所区别。从女性主义角度来看，我们需要一种非等级制形式的能力：那些专业人员并不是将他们自己的知识看成是最卓越的，反而他们要相信面对的各方人员——客户、公民、其他工人——都有对整体来说是必要部分的观点，如果没有各方人员的观点和看法，最广义的公共利益也就不能被发现和确认。

最后，我们认为公共行政的能力形式不应该是那种英雄式的男性专业人员的神话，即他牺牲了"自私的"家庭利益，而一心服务于他的事业。这种困难并不在于大多数女性都发现她很难或是不可能做到这种理想形象，而是这个理想形象本身被歪曲了，它划分了男性和女性所经历的生活，将家庭置于较低位置，并将它的责任归属为较低地位的人。从女性主义角度来看，合法的公共行政人员将是一个完整的人，一个被理解为在家庭中成长并保持为家庭一员的人；机构的工作将被看成是支持机构成员生活的各个方面，同时也被后者所支撑，机构的人事政策也将反映这种理解。例如，探亲假和定点日托措施等政策将被看成（正如公立学校一样）是符合公共利益的，因为它们促进了孩子的培养和发展；它们将不再被看成只是符合个体雇员的需要。

偶尔，人们可以从当前理论对专业知识的研究中看到一些不同；

例如摩根和卡斯（Morgan and Kass，1991）认为，公共行政服务者模型提出了这种可能性，即行政专家有时候会成为"宪政改革的助产士"（the midwives of constitutional change）（p.52）。作者并没有探讨这种隐喻的任何含义——但是，如果我们仔细想一下呢？如果我们给这种完全是家庭的理念留下思考的空间，并将行政人员认为是助产士而不是一个超出并脱离于日常生活的有自主权的代理人，那它意味着什么呢？助产士是一种有技术和同情心的人，可以通过被体现和体现的行动来促进新的可能性的出现。好的助产士有丰富的知识和经验，在各种特定的情况下，她都能利用它们来帮助她感知她只能促进而非掌控的过程。这个过程是一种对身体生死攸关的事情（而不是这里穿越时空的沉思！），她全身心地去做这件事情，而**为了这种最伟大的服务**，后者也要求既保持联系，又有某种程度的分离。就能力典范而言，公共行政能从助产士身上学习到很多。

2. 领导

在回顾公共行政中的领导理念和形象时，我认为，由于研究中缺少将它和组织产出之间联系的证据，领导应该被认为是一种意识形态，它使基于性别、种族和阶级的现存的角色期望理性化（在其他的权力关系中）。领导的文化理念与白人职业男性行为的含义相匹配，并被用来过滤那些不符合这些期望的人。

领导者的形象从女性主义角度来看是有问题的。例如我们看到，正如远见使那些看的人远离了被看的客体，有远见的领导者也对组织情况中的他者客观化并加以控制。领导者作为决策者，对控制、任务导向、行使权威、理性效率的最大化所作的重点强调，都指出了人们"需要"被领导，参与的过程纯粹是达成组织目标的一个工

第七章 脆弱的窗户：改变之路

具，如果它不是对领导者缺点的反映的话。鼓舞或象征型的领导者形象是基于这种假设，即不管他们自身的身份是什么，人们都会发现很容易认同或是仿效那些勇士和父亲型的人物。因为这些领导形象文化上的男性化特质，也因为事实上，大多数人都将领导看成是男性，所以进入领导位置的女性面临着要么展示那些使她们令人感觉不太恰当的男性化特点，要么冒着被视为不够决断的危险，展现一个更温柔的形象。因此，女性面临着管理她们性别的任务，而男性领导者从来都没有这个问题。

从女性主义理论角度来看，要解决公认的领导形象使女性面临的困境，一个明显的答案是，让更多女性进入领导职位，希望随着时间推移，女性领导者越来越多，我们对领导的规范也会随之改变。在缺少全面关注对组织动态机制男性化的情况下，研究结果表明，**传统组织中**男性和女性的领导风格只有很少真正的区别。女性主义者质疑简单增加重要位置上的女性数量能否对组织带来根本意义的改变，但是女性主义者也会问，是否女性特质的领导风格直接地标示着更有效的等级制；她们想要探讨我们到底是否真的需要领导——从这个意义上来说，即有些人明确事情的意义、为他人指出解决问题的正确方法，使他们成为领导者想要他们成为的人（激励他们）。从这个角度而言，看来可能对领导的需要是一种等级制的功能，它将那些低层的人社会化，使他们相信不能对要做什么的共同决定作出贡献，或是就算他们的确有看法，他们也最好服从命令。凯利（Kelley, 1989）的观点尽管表面上不是女性主义者的，但是也和许多女性主义者提倡的观点相一致。他提出让工作场合里的人组成小的无领导的团体，其中，每个团体成员都对获得目标有平等的责任，或是采用另外一种方法，让团体的领导角色轮换。他注意到："一些暂时的领导者可能没有其他人有用，当然，一些人可能的确是

软弱的……（但是）领导角色的经验对于教育能干的追随者来说是非常重要的。"(Kelley, 1989, p.133)

现在组织的效率规范将使无领导的团体的形成和维系很难进行。传统的智慧认为，等级制是后工业社会复杂组织不可避免的形式，这种观点使人们将其他形式和实践看成是不实际或不现实的。甚至在研究中，对管理的新企业家精神、弹性管理、参与形式的探讨也假设一定会有一个领导者，关注任务的进程，谨慎地限制着大多数授权和分权。此外，大多数组织成员仍然对那种无领导团体所引起的无结构有某种不适感。在教学中，我曾观察到，当我要求我的学生自行决定如何组织时，对班级许多成员来说，甚至只花10分钟（在3小时的课程内）来得出一个每个人都能认可的过程，看来也像是浪费时间，我发现我自己内心也变得焦虑起来，害怕被看做是不够决断的。因此，我意识到，在复杂组织中，我们离能够实践像无领导团体或轮换领导这种理念有多么遥远。然而，我相信，如果我们要停止这种假设，即组织或社会体制"需要"领导，即使只是很少时间或是在很小范围内，我们可能就会为一些可能出现的新看法留下空间。在公共行政中，从官员角度来看，政府体制可能是破碎或低效的，但是从普通公民角度来看，政府体制可能更像是拥有巨大能量的一个整体，所以支持上述假设，可能会使我们质疑需要行政人员来领导政府体制理念中的权力含义。例如，我们能否认可下述的行政领导形象——即那种能促进机构客户、公民、秘书和职员一起共同制定组织决策的领导？

3. 美德

女性主义对能力、领导理念的修正和对美德的看法有所不同。

第七章 脆弱的窗户：改变之路

在前两种情况下，问题在于将其文化上的男性化特质装扮为普遍化，阻碍了和男性化特质不一致的人们和他们的理念。在对公共行政中美德理念的探讨中，我们也的确发现了男性化的形象——监督者、名望的追求者、英雄——但是在美德自身的理念中，我们可以看到这些形象不自觉地想要隐藏潜在的女性特质。在美国建国时期对美德理念的再造，将它从一个共和国公民公共行动所表现出来的文化上的男性特点，改变为女性在家里所习得并在慈善的私人行为中实践的特点。这种美德理念的改变使美德变得女性化，尤其是和商业世界中男性对理性个人利益的追求相比。然后，为了复兴公共行政中**公共**美德含义，男性化形象又被引入。人民的监督者或保护者是一个父亲式的人物，将不守规矩的大众转变为忠诚和顺从的羊群。追求名望和荣誉的汉密尔顿式的人是一个父亲似的、有野心的、公众面前奥林匹克式的运动员，他依赖于女性处理做饭、抚养孩子等必要事项，但是又压制女性的重要意义，以便他可以追求永恒。英雄是典型的居高临下的有男性特质的人物，这可以追溯到古希腊时期。

134

从女性主义视角看，只要公共领域对家庭的依赖——以及伴随而来的劳动的性别区分——还没有被认可，美德的理念仍将是有问题的。公共性，包括公共美德，长时间以来排除并压制了女性的声音。公共空间一直是一个男性保留地，这种现实使得美国建国者崇拜个人利益、排除美德成为可能，并将前者和男性特质相联系，将后者和女性特质相联系。**公共美德**因此包括使男性特质和女性特质的再结合。除非我们能够根据那种假设来提升公共行政人员的美德，否则我们仍将继续和美德明显的"缺点"作斗争：使它看起来仍然是温柔的、感情的或是（所有指控中最可恶的）不现实的。

在当前公共行政人员的所有形象中，将行政人员视为公民的理念最符合女性主义视角的理解；但是至少，女性主义者也会将库珀的行政人员理念从"为了我们的公民"改变为"**和**我们在一起的公民"。为什么我们不能将美国治理中的公共行政人员的位置看成是特别的，不是因为它的崇高，而是因为它的中心位置呢？基于这种观点，公共行政人员需要我们的表扬，并不是因为他们比我们其余人更加理解公共利益，而是因为他们愿意承担服务于公共利益的重担。作为**促进者**（facilitators），他们的角色使治理过程更可能有包容性，尤其是包容对于利益集团政治中很难体现其利益和需要的人们（Stivers，1990a）。为了实现这种角色，作为公民的行政人员将她自己或他自己看成是与其他人一起的**合作者**（partner with），而不是其他人的"监督者"（guardian of）或"为了（其他人）的公民"（citizen for）——一个政府网络中的一员，使她或他不仅可以得到共享的信息，而且有了跨越界限的能力，后两者将能使其他人也拥有权力（Stivers，1990b）。

像专业知识中的助产士一样，一个可能会重新结合美德的公共和私人形象的家庭形象是鲁迪克（Ruddick，1989）提出的母亲理念，她能够"促进成长"，或是"培育孩子发展中的精神"。鲁迪克认为，孩子需要这种培养是因为他们发展过程的**复杂性**；她认为母亲在促进孩子发展中的中心任务是**管理性的**（administrative），它要求母亲在面临孩子生活中的许多不稳定因素时要有组织的能力。鲁迪克指出，培养孩子的成长包括许多日常的、有时候甚至是累人的工作，但同时它也是迷人的和有回报的。鲁迪克提出促进成长要求一种"形而上学的态度"，既贴近又欢迎改变，它将孩子看成是"他们世界和他们生活变化的建构性的代理人"（pp. 82–93）。因此，我们有了一个母亲形象，它在许多方面都和有道德的公共行政人员的生活和责任相似：像母亲一样，他们必须在复杂情况下扶植发展；

像母亲一样，他们必须为了某种是他们责任的他人利益，而履行日常的和有回报的工作；像母亲一样，他们必须既贴近（保存行政资源和能力）又欢迎改变；正如母亲将她们的孩子看成是她们自己生活的代理人一样，公共行政人员也必须这样看待公民。

女性主义视角一般强调的是这种水平而不是垂直的关系：将**某人看成**是要平行交往而不是向下俯视的人，将**他人看成**是受尊重的平等个体而不是对自己自主权有威胁的人或是需要放牧的羊群。这种视角也包括将公共和家庭领域之间的概念区别看成是可渗透的和互相支持的。这里，目的并不在于促进政府对我们生活隐私方面的控制——确实，在公共和私人领域中看来很坚固和耐久的界限，从来也没有阻止政府去控制女性，它只是使得在公共生活中排除女性更加合理了。相反，目的是要更清楚治理的依靠——公共领域中的个人和集体行动——在于管理的个人（事实是所有人）得到（或是假设得到）家庭的支持：住房、食物、衣服、培养、养育以及使生活尽可能的舒适。对公共和家庭领域之间相互关系的认识，使我们要求男性和女性平等共享这两个领域中的工作，因此，也将它们（部门和性别）理解为是同等重要的。公共行政人员统治的这个特殊的公共领域既依赖于家庭领域又诋毁它，但是只要他们仍然认为这是公正的，他们就还会要求有一个女性所在的领域，因此也使人们对美德的理解是不完善的。

4. 历史

我们看到，女性在19世纪的慈善工作和政府改革的努力中扮演了一个不可或缺的角色，而这两种工作都是行政国家发展中非常重要的力量。当世纪之交政府开始承担新的责任时，它们开始所做的大部分工作都是女性的工作（社会服务），这也是在女性的要求下（至少在很大程度上是这样）开始的。尽管承认女性的参与在公共行政历史中的适当作用是很重要的，但是它的意义远远超出女性在历史上的角色，这种认识使得理念的转变成为必要的。我们看到历史上公共行政中价值观（善意、民主、公众）和技巧（效率、管理）之间的核心冲突到处都有性别的影响：正如在改革中女性牺牲了她们从事慈善工作时独特的女性方法，以便达到公事化实践的标准，因此，公共行政为了效率至上也牺牲了民主。既然有公认的处理事情的方式，那么，最后**实践的**（实践者的）问题变成：我们能付出多少参与（或过程，或感情）？

因此，公共行政的女性主义路径包含着对历史的重新审视，不仅证明了女性是行政国家过程完全的参与者，而且是为了理解这其中的核心理念和利益所隐含的性别含义。正如斯科特（Scott，1989）所观察到的，历史，主要是政治和政府的历史，一直是"在性别的领域上实施的"（p.100）。性别既是"一个社会关系的构成因素"（p.94），也是"一个主要的领域……通过权力结合的方式"（p.95）。如果是这样的话，那么很清楚，为了更好地描述作为一个社会关系架构和公共权力制度的公共行政，我们需要将性别作为一个分析的类别。正如我们现在认识到的，没有公共行政的政治和经济内容，就不可能理解公共行政的实践，所以我们必须认识到性别、阶级和种族的影响不仅对于理解今天的概念架构，而且对于理解它们的起源、历史发展都是很重要的。很明显，性别理念其实有助于证明行政国家自创建以来都是合理的。因此，女性主义对公共行政历史和理论的研究路径，不仅是有关女性的利益问题（因此归入女性研究的领域），而且对全面理解这个领域非常重要。

例证：在效率和民主之间冲突的性别因素，被如下情况揭示出

第七章 脆弱的窗户:改变之路

来——进步时代中女性化特质的慈善工作被男性化（公事化）的方法所改变，男性努力阻挠一些改革建议，例如那些有利于管理的、有一些感情内容的改革建议。尽管公共行政理论家倾向于将民主—效率议题当做理性争论的问题，但是性别视角指出，借用赫伯特·西蒙的众所周知的术语来说，这种讨论的理性化是"有限的"，但是这种有限的方式是西蒙还没想到的。公共行政将民主视为做事的成本，只对效率允许范围内的民主可以容忍（正如，我们能付出多少参与?），这反映了对男性化不自觉的崇拜。如果不这样理解，民主行政实践的提倡者将很难解释，为什么看来对认知能力很有效的说服，迄今为止却没什么效果。

女性在公共行政历史中的另一个含义与多样性这个术语有关。历史表明，将性别——以及种族和阶级——整合进公共行政的思考方式中，将意味着不仅是简单地将差异带入领域——也就是说，将它带入过去认为是行政部门服务职责的范围。在 19 世纪，女性的慈善活动日益被效率的压力所束缚，最后由崇拜效率的行政国家所吸纳。自此以后，女性特质的慈善活动虽然还存在，但是从来不占据主流地位；因此，这种二元的一端控制了另一端，要求另一端为了生存而抑制其本质。据此，对公共行政历史的性别分析表明，有效地处理这种二选一的选择将包括弗莱特（Follett, 1918/1965）所称的"意愿的交织"（p.69）。弗莱特，公共行政学科中一位真正伟大的年长女性，她认为多样性是不可避免的，并且是生活中的一个积极力量。她认为，试图去除多样性是一个严重的错误："害怕不同是害怕生活本身……争论最重要的价值之一就是它的本质能给人以启发。真正的议题来自于公开的探讨，并且有调解的可能"（Follett, 1924/1951, p.301）。我相信，现在弗莱特将会告诉我们，公共行政需要进行真正公开的对话，在对话中，我们需要鼓励提出差异而不是去掩盖它,因此差异构成了"共同创造……(也就是)民主的核心,公民资格的本质"(p. 302)。

5. 行政国家

女性对行政国家的看法更有可能是从那些坐在秘书或社会工作者桌子后面的人中发展起来的,而不是来自那些高级行政部门的成员。公共行政的女性主义研究路径探讨官僚制中女性地位的现状,和更为多样化的参与中她们所面临的障碍,这是很有必要的。设想一下,人事政策并不将它的问题局限于如何回应"雇员的需求",例如日托(好像对孩子的足够照料并不是公共利益的问题),或是轻易地评论说机构是如何依赖于员工的支持的(而没有根据依赖的程度相应为他们付出报酬)。我们必须去探讨,如果不考虑这些物质现实,它将怎样限制我们的思考方式。因为大多数公共行政期刊和教材中研究管理的文献都没有提到组织中有两种性别,或是他们各自的经验在何种方式上是不同的,这种新的研究机会将是无限的。我们可以从改变"将劳动力多样化"的讨论基调开始,不要将它看成是一个可有可无的问题,而要将它看成是有希望的新能力。接下来,我们可能需要花时间来反思(而不是否认)官僚制中性别动力学的存在,以及种族主义和性别主义自觉或不自觉地阻碍多样化雇员的进程和组织生活改变的程度。只有对这些问题有所了解,并逐渐意识到他或她在组织中的个人涵义,公共管理人员才能更好从事这个行业。理论家也应该去发现这种优秀管理的模型,它包括对性别问题的敏感和处理性别问题的技巧,包括处理在专业知识和领导的规范与适当性别角色行为的期望之间的冲突,以及它对女性管理者所造成的困境。

此外，女性主义对行政国家的看法将使理论更好地处理这种去个人化的权力（depersonalized power）。行使自由裁量权的要求也是对基于技术、管理和道德的专业知识的权力要求。行政人员的自由裁量权据说是合理的，因为他们是在更为客观的知识、更为清楚的远见或是更为高于其他公民的准则基础上作出决策的。他们对这种权力的要求是基于权力行使的领域是独特的，因为它是公共领域。但是正如我们所看到的，各公共部门保持它的界限（因此它的特殊主义）是以牺牲女性为代价的。因此，女性主义对行政裁量权及其内在权力的解释，必须从思考当前公认的自由裁量权的模型开始。

女性主义的实践智慧

自由裁量权提供了一个很好的机会，可以深入地探讨女性主义对公共行政理论的影响，因为它经常和能力、领导、美德这些充斥于公共行政理论探讨中的主题一起出现，并将它们和权力的行使联系起来。

最近关于裁量权的规范理论是用实践智慧（phronesis）的行使来表达的，这是亚里士多德提出来的，即将智力和道德能力结合起来考虑公共问题的理念。摩根（Morgan，1990）认为，公共行政人员拥有**实践智慧**，"一种特殊的智慧……使他们既能考虑可使用性又能考虑（大众的）可接受性，并适合"宪政原则和共同体其他的重要价值观。在美国政府体制中，"正是这种协商的能力才使人们知道如何做正确的事情"。摩根（Morgan，1990，p.74）说，这种能力包括有更宽广、更长远眼光的能力和对机构观点以公共利益和宪政为导向的理解（pp.74ff）。摩根和卡斯（Morgan and Kass，1991）的研究指出，在实际决策时，行政人员的实践智慧采用了这种形式，即使技术标准和各种主张从属于行政人员所解释的宪政原则。

要发展一种关于实践智慧含义的女性主义视角，有必要审视亚里士多德这个概念的起源，因为亚里士多德本人认为女性不能行使公共判断权，而像摩根这类的公共行政理论家现在则认为它是一种模型。正如我们在探讨公共行政其他概念时所见到的，女性主义乐于质疑理念的根基，目的是判定今天它们是否仍然包含不利于女性利益的因素。当我们审视亚里士多德关于实践智慧和女性的话语时，我们看到存在着很多冲突，迄今为止，这些冲突的影响还仍然存在着。

亚里士多德（Aristotle, 1976）的**实践智慧**理念包含着"公正地商讨有关……一般情况下什么有助于好的生活"的能力（Sec. 1140a24）；因此，它包含了智力和道德的能力。我们通过评估各种情况，以决定何种因素是和正确的决策相关，并由此得到**实践智慧**，这样，它既有感性因素也有理性因素。它也包括感情；没有感情，我们可能会错过对情况相关方面的了解。很明显，**实践智慧**是一个公众的特点，由那些统治者包括公民来行使。

亚里士多德坚持认为，女性天生的能力包括性繁殖和家庭义务，但不包括公民资格。女性不仅适合于家庭和抚养孩子的义务，尽管她们所在领域对生存来说是关键的，但仍然是低于男性公民所在的公共世界的（Okin, 1979; Saxonhouse, 1985; Sherman, 1989）。因此，我们承认女性属于实践上明智的人，要求对亚里士多德的好社会和好生活的含义进行根本的调整，而这些含义又是在私与公之间有明确的界限基础上断定的。

问题的根本在于，亚里士多德的实践智慧理念使其成为一种在公共领域中发展和使用的能力。公民资格的本质在于他和公共空间

第七章 脆弱的窗户：改变之路

中其他公民的互动：去倾听和诉说，去看和被看，最重要的是要有**道德地行动**。在亚里士多德的安排中，女性被禁止参与这种生活。但是比这更为严重的是，男性公共生活的存在，也要求将女性和奴隶驱除出去：在平衡和稳定的社会中，如果最终美好的——从容的政治生活不受结果需要的限制——要被实现的话，必须有人承担提供生存必需品的责任。

但是，困难甚至更为严峻，因为我们面临的并不是一个由分离而又平等的领域构成的社会景象，男性掌管公共生活，女性掌管私人生活。在亚里士多德的社会里，男性在**两个**领域都是统治者。家庭在次序上是有等级的，目的是**城邦**不需要等级。进一步而言，存在于家庭内部的统治，从定义上来说，**并不是政治的**；因此，也不能提出家庭安排的公正问题。妻子所得到的是一种受到阻碍的实践智慧的变体，局限于对生存更少的考虑。

如果实践智慧要求更好地表达政治实践，如果政治实践只能存在于完全奉献给生存的领域之外，那么实践智慧本身也依赖于这种**城邦**和家庭之间的分歧以及一方对另一方的从属。在亚里士多德对事务的安排中，家庭最著名的功能就是将男人从生存的必要事件中解放出来，以便他们能够践行公民资格。因此，一些人的自由，是以他人——女性和奴隶——的不自由为代价而得来的。

今天在评估**实践智慧**概念的有用性时，当公共和私人领域仍然（尽管并没有那么绝对）被分开，当女性仍然要承担家庭工作的主要负担时，女性主义者坚持认为，在女性和男性一样自由地（从理论和实践上来说）参与公共辩论以前，在男性和女性为生活必需承担同样的责任以前，这个理念都是有问题的。

然而，**实践智慧**的特点从女性主义视角来看是很有趣的。实践智慧的许多特点都和历史上、文化上以女性为中心的理念惊人的相似；例如，拒绝狭隘的、抽象的理性主义，而支持包含感情的更广泛的形式（一个当前**实践智慧**理论家所忽视的方面）；对实践知识的背景和具体经验的基础的强调，认识到完全依赖于通过正式训练得来的规则是不可能的，因此它也是与对事情和过程的专业控制理念不一致的，与其实践中互动的本质不一致的。

女性主义想要在公共行政实践中保留并促进这些特点。但是，她们会更进一步，使**实践智慧**区别于对公共—家庭二元主义的依赖。女性主义者认为实践智慧承认公共部门商讨和行动中所具有的特点。我们需要明白，大多数公共行政问题处理的都是政体及其个体成员维持和生存的问题。如果是这样的话，对感情的远距离姿态就比参与的客观性、理性、感情和思想的结合更不恰当。哈里森（Harrison, 1985）认为，在道德探讨中，这种二元的思维方式展示给我们的是明显不可协调的替代；相反，她在回忆弗莱特（Follett）的一个提议中说，公正的本质是这样一种情况，在这种情况下，我的成就和你的成就都是可能的。哈里森提出零和思考方式的根基在于特权和统治的模式。从她的观点来看，将某人隔离于现实生活条件，会使他更不具有道德商讨的资格。她的观点揭示了亚里士多德的**实践智慧**理念中的不一致，因为为了获得构造智慧的经验而如此依赖情境的这种智慧，要求和日常生活包括家庭之间建立联系，而不是脱离于日常生活。

女性主义实践智慧基础的背景包括性别、种族和阶级对政体成员生活际遇的影响；为了将实践扎根于她们生活的真实情况，女性主义的**实践智慧**寻求与边缘化的人建立联系。哈里森（Harrison, 1985）促使我们拒绝社会关系普遍化的诱惑；她说，相反，"道德说明要求仔细地关注……人类行动和社会—文化经验的特殊性和偶然性"（p.65）。她提醒我们，什么是实践的，特别是女性主义的实践智

第七章 脆弱的窗户：改变之路

慧，其根基和承诺在于导致真正苦难的变化中的性别/种族/阶级制度。

女性主义实践智慧的视角也要求我们审视它的制度框架。正如亚里士多德预见到的，**实践智慧**的最完全表达并不只是强调个人的私人困境，而在于指出了公民资格框架中公共利益的含义，所以女性主义实践智慧呼吁公共行政人员反思其实践所在的机构框架。作为从公共空间中排除女性历史的后果，女性主义的主旨就在于这种沉默和秘密的重要意义——即被否认的、被压制的、被排除的东西所展示的。在探讨特定机构情况的细节中，人们必须看到公开内容外的东西，看到那些通常被忽视的、没有被谈到的、想当然的内容。人们必须像往常一样，说明有争议的商业、机构观点中人们对其行动所赋予的意义。然而，这样做的话，实践上明智的公共行政人员很可能面临边缘化的需要、观点和现存制度政策、行为模式之间的不协调——在这种困境中，个人可能会困惑于如何在一定条件下作出正确的决策。

在女性主义实践智慧指引下的行政裁量权中，人们服务的他人，与人们一起工作的他人，都变得不再是抽象的人，而是具体的人。正如亚里士多德所知道的，女性主义者所认为的，我们越多地揭开和注意到那些具体情况的知识，我们的道德反思也就越理性。

因此，女性主义者对公共行政的任务是要认真对待行政裁量权这个理念，即它应该是具体的、有情境的、以经验为基础的、互动的、根植于感知、感情及理性分析之中。女性主义所要求的公共部门的自由裁量权是要拒绝公—私、自我—他人这种二元主义。这种概念上的二元主义限定了女性进入公共空间的路径，阻碍了历史上女性中心理念改革的权力。直到我们打破这种局限性的思维方式为止，公共行政仍将继续被性别动态机制所影响，这种机制将使女性的生活继续处于现实上困难的状态，使它远离实践智慧所需要的真正的智力和精神源泉。

结　论

在总结性的这一章中，我提出从性别视角对公共行政进行分析的许多起点或切入点，可以通过它们开始重塑我们所知道的这个领域和一些实践。对我来说，在这个结合点上所有的答案还远不是明显的；此外，对人们来说，企图描绘一幅女性主义思维方式所改变的公共行政的全景图，会让我觉得有点过度自负，而且可能更重要的是，术语本身也有矛盾。至少，这种女性主义是值得怀疑的，因为她们倾向于将人们放在她们认为适当的位置，或是不理会人们自己的想法和梦想。我在当前公共行政对话中引进一些不同的含义，是希望它们会激励人们自身去审视当前的术语、概念和理念中的性别困境。

我确实期待，如果女性主义理念里的这些改变潜力被严肃地对待，可能会有非常重大的改变发生。如果没有开启对世界转变远景的广阔视野，人们就不可能提出像等级制的必要性或是公私之间分离的不公正含义这类问题。即使我能够，我也不会判断我们距离这些可能性有多远。一个社会的成员必须一起作这种决策。但是另一方面，避免探讨公共行政中性别分析的影响，认为它所面临的是不可能的或有威胁的前景，看来也是不公正的，或太敏感了。

那么，最终，这本书主要是作为一种邀请——可能也是一种挑战——那些关心公共行政的人：让我们不要否认我们的形象和理念中性别问题的存在，及它们对女性所带来的困境。让我们面对它们，解决它们。

参考文献

Adair, D. (1974). *Fame and the founding fathers*(T. Colbourn, Ed.). New York: Norton.

Adams. G. B. (1991, November 1). Personal communication.

Allen, D. G. (1987). Professionalism, occupational segregation by gender, and control of nursing. *Women and Politics, 7*, 1–24.

Allen, J., & Young, I. M. (Eds.). (1989). *The thinking muse: Feminism and modern French philosophy.* Bloomington: Indiana University Press.

Allen, R. L. (1983). *Reluctant reformers: Racism and social reform movements in the United States.* Washington, DC: Howard University Press.

Allen, W. H. (1907). *Efficient democracy.* New York: Dodd, Mead.

Andolsen, B. H. (1986). *"Daughters of Jefferson, daughters of bootblacks": Racism and American feminism.* Macon, GA: Mercer University Press.

Argyris, C. (1957). *Personality and organization.* New York: Harper.

Aristotle. (1976). *The Nichomachean ethics* (J. A. K. Thomson, Trans.). Harmondsworth, UK: Penguin.

Aristotle. (1981). *The politics* (T. A. Sinclair, Trans.). Harmondsworth, UK: Penguin.

Aron, C. S. (1987). *Ladies and gentlemen of the civil service: Middle class workers in Victorian America.* New York: Oxford University Press.

Astin, H. S. & Leland, C. (1991). *Women of influence, women of vision: A cross-generational study of leaders and social change.* San Francisco: Jossey-Bass.

Baker, P. (1990). The domestication of politics: Women and American political society, 1780 - 1920. In L. Gordon (Ed.), *Women, the state, and welfare* (pp. 55 - 91). Madison: University of Wisconsin.

Baker, R. S. (1968). *Woodrow Wilson: Life and letters. Vol. 4: President, 1913 - 1914.* New York: Greenwood. (Original work published 1931)

Barnard, C. I. (1938). *The functions of the executive.* Cambridge, MA: Harvard University Press.

Barnard, C. I. (1948). *Organization and management: Selected papers.* Cambridge: Harvard University Press.

Beard, M. (1972). *Women's work in municipalities.* New York: Arno. (Original work published 1915)

Bell, D. (1987). *And we are not saved: The elusive quest for racial justice.* New York: Basic Books.

Bellavita, C. (1986, Fall). The organization of leadership. *The Bureaucrat,* pp. 13 - 16.

Bellavita, C. (1991). The public administrator as hero. *Administration and Society,* 23(2), 155 - 185.

Bennis, W. G. & Nanus, B. (1985). *Leaders: The strategies for taking charge.* New York: Harper & Row.

Blagdon, H. W. (1967). *Woodrow Wilson: The academic years.* Cambridge, MA: Belknap Press.

参考文献

Bledstein, B. J. (1976). *The culture of professionalism: The middle class and the development of higher education in America*. New York: Norton.

Bloch, R. H. (1987). The gendered meanings of virtue in revolutionary America. *Signs: journal of Women in Culture and Society*, 13 (1), 37 – 58.

Blum, L. A. (1988). Moral exemplars: Reflections on Schindler, the Trocmes, and others. *Midwest Studies in Philosophy*, 12, 196 – 221.

Bologh, R. W. (1990). *Love or greatness: Max Weber and masculine thinking – a feminist inquiry*. London: Unwin Hyman.

Bordo, S. (1987). The Cartesian masculinization of thought. In S. Harding & J. F. O'Barr (Eds.), *Sex and scientific inquiry* (pp. 247 – 264). Chicago: University of Chicago.

Braudy, L. (1986). *The frenzy of renown: Fame and its history*. New York: Oxford University Press.

Brooks-Higgenbotham, E. (1989). The Problem of race in women's history. In E. Weed (Ed.), *Coming to terms: Feminism, theory, politics* (pp. 122 – 133). New York: Routledge.

Brown, W. (1988). *Manhood and politics: A feminist reading in political theory*. Totowa, NJ: Rowman & Littlefield.

Bruere, H. (1981). Efficiency in city government. In F. C. Mosher (Ed.), *Basic literature of American public administration, 1787 – 1950* (pp. 92 – 95). New York: Holmes & Meier. (Original work published 1912)

Butler, M. (1978). Early liberal roots of feminism: John Locke and the attack on patriarchy. *American Political Science Review*, 72, 135 – 150.

Caldwell, L. K. (1988). *The Administrative theories of Hamilton and Jefferson: Their contribution to thought on public administration* (2nd ed.). New York: Holmes & Meier.

Carby, H. V. (1986). On the threshold of woman's era: Lynching, empire, and sexuality in black feminist theory. In H. L. Gates, Jr. (Ed.), *"Race, "Writing and difference*(pp. 301 – 316). Chicago: University of Chicago Press.

Chodorow, N. (1978). *The reproduction of mothering: Psychoanalysis and the sociology of gender.* Berkeley: University of California Press.

Cigler, B. A. (1990). Public administration and the paradox of professionalization. *Public Administration Review,* 50(6), 637 – 653.

Clark, L. M. G. (1979). Women and Locke: Who owns the apple in the garden of Eden? In L. M. G. Clark & L. Lange(Eds.), *The sexism of social and political theory: Women and reproduction from Plato to Nietzsche*(pp. 16 – 40). Toronto: University of Toronto Press.

Clinton, C. (1984). *The other civil war: American women in the nineteenth century.* New York: Hill & Wang.

Cocks, J. (1989). *The oppositional imagination: Feminism, critique and political theory.* London: Routledge.

Cooke, J. E. (Ed.). (1961). *The federalist.* Middletown, CT: Wesleyan University Press.

Cooper, T. L. (1984a). Citizenship and professionalism in public administration[Special issue] (H. G. Frederickson & R. C. Chandler, Eds.). *Public Administration Review,* 44, 143 – 149.

Cooper, T. L. (1984b). Public administration in an age of scarcity: A citizenship role for public administrators. In J. Rabin & J. S. Bowman (Eds.), *Politics and administration: Woodrow Wilson and American public andministration*(pp. 297 – 314). New York: Marcel Dekker.

参考文献

Cooper, T. L. (1991). *An ethic of citizenship for public administration*. Englewood Cliffs, NJ: Prentice-Hall.

Cooper, T. L. & Wright, N. D. (Eds.). (1992). *Exemplary public administrators: Character and leadership in government*. San Franciso: Jossey-Bass.

Cott, N. F. (1977). *The bonds of womanhood: "Women's sphere" in New England, 1780 – 1830*. New Haven, CT: Yale University Press.

Crenson, M. A. (1975). *The federal machine: Beginnings of bureaucracy in Jacksonian America*. Baltimore: Johns Hopkins University Press.

Croly, H. (1963). *The promise of American life*. New York: E. P. Dutton. (Original work published 1909)

De Beauvoir, S. (1961). *The second sex* (H. M. Parshley, Trans.). New York: Bantam.

Denhardt, R. B. & Perkins, J. (1976). The coming death of administrative man. *Public Administration Review*, 36(4), 379 – 384.

Derber, C. (1983). Managing professionals: Ideological Proletarianization and post-industrial labor. *Theory and Society*, 12, 309 – 341.

Doig, J. W. (1988, September). *Leadership and innovation in the administrative state*. Paper presented at the Minnowbrook Ⅱ meeting, Minnowbrook, NY.

Doig, J. W. & Hargrove, E. C. (Eds.). (1987). *Leadership and innovation: A biographical perspective on entrepreneurs in government*. Baltimore: Johns Hopkins University Press.

Edwards, L. R. (1984). *Psyche as hero: Female heroism and fictional form*. Middletown, CT: Wesleyan University Press.

Epstein, C. F. (1988). *Deceptive distinctions: Sex, gender and the social* order. New Haven, CT: Yale University Press.

Etzoni, A. (1969). *The semi-professions and their organization.* New York: Free Press.

Faludi, S. (1991). *Backlash: The undeclared war against American women.* New York: Crown.

Ferguson, K. E. (1984). *The feminist case against bureaucracy.* Philadelphia: Temple University Press.

"Few women found in top public jobs." (1992, January 3). *New York Times*, p. A8.

Fierman, J. (1990, July). Why women still don't hit the top. *Fortune*, pp. 30, 40 – 42, 50, 54, 58, 62.

Finer, H. (1984). Administrative responsibility in a democratic government. In F. E. Rourke (Ed.), *Bureaucratic power in national government*(3rd ed., pp. 410 – 421). Boston: Little, Brown. (Original work published in 1941)

Finley, M. I. (1965). *The world of Odysseus*(rev. ed.). New York: Viking.

Fisher, B. (1988). Wandering in the wilderness: The search for women role models. *Signs: Journal of Women in Culture and Society*, 13(2), 211 – 233.

Fitzpatrick, E. (1990). *Endless crusade: Women social scientists and Progressive reform.* New York: Oxford University Press.

Fox, C. & Cochran, C. E. (1990). Discretionary public administration: Toward a platonic guardian class. In H. Kass and B. Catron (Eds.), *Images and identities in public administration*(pp. 87 – 112). Newbury Park, CA: Sage.

Follett, M. P. (1951). *Creative experience.* Gloucester, MA: Peter Smith.

(Original work published 1924)

Follett, M. P. (1965). *The new state*. New York: Peter Smith. (Original work published 1918)

Franzway, S., Court, D. & Connell, R. W. (1989). *Staking a claim: Feminism, bureaucracy and the state*. Sydney: Allen & Unwin.

Fraser, N. (1990). Talking about needs: Interpretive contests as political conflicts. In C. R. Sunstein(Ed.), *Feminism and political theory*(pp. 159 – 181). Chicago: University of Chicago Press.

Frederickson, H. G. & Hart, D. K. (1985). The public service and the patriotism of benevolence. *Public Administration Review*, 45(5), 547 – 554.

Friedrich, C. J. (1984). Public policy and the nature of administrative responsibility. In F. E. Rourke(Ed.), *Bureaucratic power in national politics*(3rd ed., pp. 399 – 409). Boston: Little, Brown. (Original work published in 1940)

Gallas, N. M. (1976). Introductory comments. In N. M. Gallas(Ed)., A symposium: Women in public administration. *Public Administration Review*, 36(4), 347 – 349.

Gawthrop, L. A. (1984). Civis, civitas, and civilitas: A new focus for the year 2000[Special issue](H. G. Frederickson & R. C. Chandler, Eds.). *Public Administration Review*, 44, 101 – 107.

Gawthrop, L. A. (1987). Toward an ethical convergence of democratic theory and administrative politics. In R. C. Chandler(Ed.), *A centennial history of the American administrative sate*(pp. 189 – 216). New York: Free Press.

Ginzberg, L. D. (1990). *Women and the work of benevolence: Morality,* politics, and class in the 19th century United States. New Haven, CT: Yale University Press.

Giddings, P. (1985). *When and where I enter: The impact of black women on race and sex in America.* New York: Bantam.

Gilligan, C. (1982). *In a different voice: Psychological theory and women's development.* Cambridge, MA: Harvard University Press.

Glazer, P. M. & Slater, M. (1987). *Unequal colleagues: The entrance of women into the professions, 1890 - 1940.* New Brunswick, NJ: Rutgers University Press.

Goodnow, F. J. (1981). Politics and administration. In F. C. Mosher(Ed.), *Basic literature of American public administration, 1787 - 1950*(pp. 82 - 92). New York: Holmes & Meier. (Original work published 1900)

Goodsell, C. T. (1985). *The case for bureaucracy* (2nd ed.). Chatham NJ: Chatham House.

Gordon, L. (Ed.). (1990). *Women, the state, and welfare.* Madison: University of Wisconsin Press.

Green, R. T. (1988). The Hamiltonian image of the public administrator: Public administrators as prudent constitutionalists. *Dialogue: The Public Administration Theory Network,* 10(3), 25 - 53.

Grenier, G. (1988). *Inhuman relations: Quality circles and anti-unionism in American industry.* Philadelphia: Temple University Press.

Grosz, E. (1990). *Jacques Lacan: A feminist introduction.* London: Routledge.

Grubb, B. (1991, Winter). The quiet revolution of Bev Forbes. *Seattle University News,* pp. 18 - 19.

Gutek, B. A. (1989). Sexuality in the workplace: Key issues in social research and organizational practice. In J. Hearn, D. L. Sheppard, P. Tancred-Sheriff & G. Burrell(Eds.), *The Sexuality of Organization*(pp. 56 - 70). London: Sage.

Haber, S. (1964). *Efficiency and uplift: Scientific management in the Progressive era 1980 - 1920*. Chicago: University of Chicago Press.

Habermas, J. (1972). *Knowledge and human interests*. London: Heinemann.

Hale, M. M. & Kelly, R. M. (Eds.). (1989). *Gender, bureaucracy, and democracy: Careers and equal opportunity in the public sector*. Westport, CT: Greenwood Press.

Harding, S. (1986). *The science question in feminism*. Ithaca, NY: Cornell University Press.

Harley, S. (1990). For the good of family and race: Gender, word and domestic roles in the black community, 1880 - 1930. In M. R. Malson, E. Mudimbe-Boyi, J. F. O'Barr & M. Wyer (Eds.), *Black Women in America: Social Science Perspectives*(pp. 159 - 172). Chicago: University of Chicago Press.

Harragan, B. (1981). *Games mother never taught you*. New York: Warner.

Harrison, B. W. (1985). *Making the connections: Essays in feminist social ethics*(C. S. Robb, Ed.). Boston: Beacon Press.

Hearn, J. & Parkin, P. W. (1988). Women, men, and leadership: A critical review of assumptions, practice and change in the industrialized nations. In N. J. Adler & D. N. Israeli(Eds.), *Women in management worldwide* (pp. 17 - 40). Armonk, NY: Sharpe.

Helgesen, S. (1990). *The female advantage: Women's ways of leadership*. New York: Doubleday.

Heller, T. (1982). *Women and men as leaders: In business, educational and social service organizations.* New York: Praeger.

Hochschild, A. (1989). *The second shift: Working parents and the revolution at home.* New York: Viking.

Holusha, J. (1991, May 5). Grace pastiak's "web of inclusion." *New York Times,* sec. 3, pp. 1, 6.

Hudson Institute. (1988). *Civil service 2000.* Washington DC: U. S. Government Printing Office.

"'Iron Lady' attacks sexual political double standard." (1990, September 14). *The Olympian,* p. A1.

Jaggar, A. (1983). *Feminist politics and human nature.* Totowa, NJ: Rowman & Allenheld.

Johnson, B. (1987). *A world of difference.* Baltimore: Johns Hopkins University Press.

Johnson, T. H. (1960). *The complete poems of Emily Dickinson.* Boston: Little, Brown.

Kanter, R. M. (1977). *Men and women of the corporation.* New York: Basic Books.

Kanter, R. M. (1980). Women and the structure of organizations: Explorations in theory and behavior. In C. W. Konek, S. L. Kitch & G. E. Hammond(Eds.), *Design for equity: Women and leadership in higher education*(pp. 49 – 63). Newton, MA: Educational Development Center.

Kass, H. D. (1990). Stewardship as a fundamental element in images of public administration. In H. D. Kass & B. L. Catron(Eds.), *Images and identities in public administration*(pp. 113 – 131). Newbury Park, CA: Sage.

参考文献

Kass, H. D. & Carton, B. L. (Eds.). (1990). *Images and identities in public administration.* Newbury Park, CA: Sage.

Kearny, R. C. & Sinha, C. (1988). Professionalism and bureaucratic responsiveness: Conflict or compatibility. *Public Administration Review*, 48(1), 571 – 579.

Keller, E. F. (1985). *Reflections on gender and science.* New Haven, CT: Yale University Press.

Keller, E. F. & Grontkowski, C. (1983). The mind's eye. In S. Harding & M. B. Hintikka(Eds.), *Discovering Reality*(pp. 207 – 224). Dordrecht, The Netherlands: Reidel.

Keller, L. F. (1988). A heritage from Rome: The administrator as doer. *Dialogue: The Public Administration Theory Network*, 10(2), 49 – 75.

Kelley, R. E. (1989). In praise of followers. In W. E. Rosenbach & R. L. Taylor(Eds.), *Contemporary issues in leadership*(2nd ed., pp. 124 – 134). Boulder, CO: Westview Press.

Kelly, R. M. (1991). *The gendered economy.* Newbury Park, CA: Sage.

Kerber, L. k. (1980). *Women of the republic: Intellect and ideology in revolutionary America.* New York: Norton.

Kets de Vries, M. F. R. (1989). *Prisons of leadership.* New York: John Wiley.

King, C. S. (1992). *Gender and management: Men, women and decision-making in public organization.* Unpublished doctoral dissertation, University of Colorado, Denver.

Kotter, J. P. (1990, May-June). What leaders really do. *Harvard Business Review*, pp. 103 – 111.

Kraditor, A. (1968). *Up from the pedestal: Selected writing in the history of*

American feminism. Chicago: Quadrangle Books.

Krislov, S. (1974). *Representative bureaucracy.* Englewood Cliffs, NJ: Prentice-Hall.

Kruse, L. & Wintermantel, M. (1986). Leadership ms-qualified I: The gender bias in everyday and scientific thinking. In C. F. Graumann & S. Moscovici(Eds.), *Changing conceptions of leadership*(pp. 171 - 198). New York: Springer-Verlag.

Kuhn, T. S. (1970). *The structure of scientific revolutions* (2nd ed.). Chicago: University of Chicago Press.

Landes, J. B. (1988). *Women and the public sphere in the age of the French revolution.* Ithaca, NY: Cornell University Press.

Lane, L. M. & Wolf, J. F. (1990). *The human resources crisis in the public sector: Rebuilding the capacity to govern.* Westport, CT: Quorum Books.

Lange, L. (1979). Rousseau and the general will. In L. M. G. Clark & L. Lang(Eds.), *The sexism of social and political theory: Women and reproduction from Plato to Nietzsche*(pp. 41 - 52). Toronto: University of Toronto Press.

Lawlor, J. (1991, August 9). Labor Department shrugs off "glass ceiling" study. *USA Today*, p. 1B.

Laws, J. L. (1976). Work aspirations of women: False leads and new starts. In M. Blaxall & B. Reagan (Eds.), *Women and the workplace: The implications of occupational segregation* (pp. 33 - 50). Chicago: University of Chicago Press.

Leach, W. (1980). *True love and perfect union: The feminist reform of sex and society.* New York: Basic Books.

LeGuin, U. (1974). *The left hand of darkness.* Ace Books.

Lemons, J. S. (1990). *The woman citizen: Social feminism in the 1920s.* Charlottesville: University of Virginia Press. (Original work published 1973)

Lerner, G. (1979). *The majority finds its past: Placing women in history.* New York: Oxford University Press.

Lerner, G. (1986). *The creation of patriarchy.* New York: Oxford university Press.

Lewis, E. (1980). *Public entrepreneurship: Toward a theory of bureaucratic political power.* Bloomington: Indiana University Press.

Long, N. E. (1981). The S. E. S. and the public interest. *Public Administration Review*, 41(3), 305 – 311.

Lubove, R. (1965). *Professional altruism: The emergence of social work as a career 1880 – 1930.* Cambridge, MA: Harvard University Press.

Lugones, M. (1991). On the logic of pluralist feminism. In C. Card (Ed.), *Feminist ethics* (pp. 35 – 44). Lawrence: University of Kansas Press.

Maccoby, M. (1988). *Why work: Motivating and leading the new generation.* New York: Simon & Schuster.

Mainzer, L. C. (1964, January). Honor in bureaucratic life. *Review of Politics*, 26, 70 – 90.

Manning, M. (1989). *Leadership skills for women: Achieving impact as a manager* (with P. Haddock). Los Altos, CA: Crisp.

Markus, M. (1987). Women, success and civil society: Submission to, or subversion of, the achievement principle. In S. Benhabib & D. Cornell (Eds.), *Feminism as critique* (pp. 96 – 109). Minneapolis: University of Minnesota Press.

Merchant, C. (1980). *The death of nature: Women, ecology, and the scientific revolution.* San Francisco: Harper & Row.

Milwid, B. (1990). *Working with men: Professional women talk about power, sexuality, and ethics.* Hillsboro, OR: Beyond Words Publishing.

Mintzberg, H. (1973). *The nature of managerial work.* New York: Harper & Row.

Mitchell, T. (1991). The limits of the state: Beyond statist approaches and their critics. *American Political Science Review*, 85(1), 79 – 96.

Mitchell, T. R. & Scott, W. G. (1987). Leadership failures, the distrusting public, and prospects of the administrative state. *Public Administration Review*, 47(6), 445 – 452.

Moi, T. (1985). *Sexual/textual politics: Feminist literary theory.* London: Routledge.

Moore, H. (1988). *Feminism and anthropology.* Minneapolis: University of Minnesota Press.

Morgan, D. F. (1990). Administrative *phronesis*: Discretion and the problem of administrative legitimacy in our constitutional system. In H. D. Kass & B. L. Catron (Eds.), *Images and identities in public administration* (pp. 67 – 86). Newbury Park, CA: Sage.

Morgan, D. F. & Kass, H. D. (1991). Constitutional stewardship, *phronesis* and the American administrative ethos. *Dialogue: The Public Administration Theory Network*, 12(1), 17 – 60.

Mosher, F. C. (1968). *Democracy and the Public Service.* New York: Oxford University Press.

Nalbandian, J. (1990). Tenets of contemporary professionalism in local government. *Public Administration Review*, 50(6), 654 – 662.

Neverdon-Morton, C. (1989). *Afro-American women of the South and the advancement of the race, 1895 - 1925.* Knoxville: University of Tennessee Press.

O'Brien, M. (1989). *Reproducing the world: Essays in feminist theory.* Boulder, CO: Westview.

O'Leary, R. & Wise, C. R. (1991). Public managers, judges, and legislators: Redefining the new partnership. *Public Administration Review*, 51(4), 316 - 327.

Okin, S. M. (1979). *Women in Western political thought.* Princeton, NJ: Princeton University Press.

Okin, S. M. (1989). *Justice, gender and the family.* New York: Basic Books.

Perry, J. L. (1989). *Handbook of public administration.* San Francisco: Jossey-Bass.

Peterson, I. (1992, February 2). These data, the enumerator always wrings twice. *New York Times,* p. E3.

Pitkin, H. F. (1984). *Fortune is a woman: Gender and politics in the thought of Niccolo Machiavelli.* Berkeley: University of California Press.

Poggi, G. (1978). *The development of the modern state: A sociological introduction.* Stanford, CA: Stanford University Press.

Poggi, G. (1990). *The state: Its nature, development and prospects.* Stanford, CA: Stanford University Press.

Potts, M. & Behr, P. (1987). *The leading edge: CEOs who turned their companies around: What they did and how they did it.* New York: McGraw-Hill.

Powell, G. N. (1988). *Women and men in management.* Newbury Park, CA: Sage.

Pringle, R. (1989). Bureaucracy, rationality, and sexuality: The case of secretaries. In J. Hearn, D. L. Sheppard, P. Tancred-Sheriff & G. Burrell (Eds.), *The sexuality of organization*(pp. 158 – 177). London: Sage.

Pugh, D. L. (1989). Professionalism in public administration: Problems, perspectives and the role of ASPA. *Public Adminitration Review*, 49(1), 1 – 8.

Rhode, D. (1988). Perspectives on professional women. *Stanford Law Review*, 40, 1163 – 1207.

Rohr, J. A. (1986). *To run a constitution: The legitimacy of the American administrative state.* Lawrence: University of Kansas Press.

Rohr, J. A. (1989). Public administration, executive power and constitutional confusion. *Public Administration Review*, 49 (2), 108 – 114.

Rosenbloom, D. H. (1987). Public administratiors and the judiciary: The "new partnership." *Public Administration Review*, 47(1), 75 – 83.

Rosener, J. B. (1990, November-December). Ways women lead. *Harvard Business Review*, pp. 119 – 125.

Rossi, A. S. (Ed.). (1973). *The feminist papers: From Adams to De Beauvoir.* New York: Columbia University Press.

Ruddick, S. (1989). *Maternal thinking: Toward a politics of peace.* Boston: Beacon.

Saltzman, A. (1991, June 17). Trouble at the top. *U. S. News and World Report.* pp. 40 – 48.

Saxonhouse, A. (1985). *Women in the history of political thought.* New York: Praeger.

Scott, J. W. (1989). Gender: A useful category of historical analysis. In E.

Weed(Ed.) , *Coming to terms: Feminism, theory, politics* (pp. 81 – 100) . New York: Routledge.

Selznick, P. (1957). *Leadership in administration: A Sociological interpretation.* Evanston, IL: Row, Peterson.

Sheppard, D. L. (1989) . Organizations, power and sexuality: The image and self-image of women managers. In J. Hearn, D. L. Sheppard, P. Tancred-Sheriff & G. Burrell(Eds.) , *The Sexuality of organization* (pp. 139 – 157) . London: Sage.

Sherman, N. (1989) . *The fabric of character: Aristotle's theory of virtue.* Oxford, UK: Clarendon Press.

Skowronek, S. (1982) . *Building a new American state: The expansion of national administrative capacities 1877 – 1920.* Cambridge, UK: Cambridge University Press.

Smircich, L. (1985) . *Toward a woman-centered organization theory.* Paper presented at the symposium on women and social change, Academy of Management, San Diego, CA.

Sterling, D. (Ed.). (1984). *We are your sisters: Black women in the nineteenth century.* New York: Norton.

Stever, J. A. (1988) . *The end of public administration: Problems of the profession in the post-progressive era.* Dobbs Ferry, NY: Transnational.

Stewart, D. W. (1976) . Women in top jobs: An opportunity for federal leadership. *Public Administration Review*, 36(4) , 357 – 364.

Stillman, R. J. (1991) . *Preface to public administration: A search for themes and direction.* New York: St. Martins.

Stivers, C. (1990a). Active citizenship and public administration. In G. Wamsley, R. Bacher, C. Goodsell, P. Kronenberg, J. Rohr, C. Stivers, O.

White & J. Wolf, *Refounding Public Administration* (pp. 246 – 273). Newbury Park, CA: Sage.

Stivers, C. (1990b). Toward a feminist theory of public administration. *Women and Politics*, 10(4), 49 – 65.

Stivers, C. (1991). Why can't a woman be less like a man? Women's leadership dilemma. *Journal of Nursing Administration*, 21(5). 47 – 51.

Stivers, C. (1992a). Beverlee A. Myers: Power, virtue and womanhood in public administration. In T. L. Cooper and N. D. Wright (Eds.), *Exemplary public adminisrators: Character and leadership in government* (pp. 166 – 192). San Francisco: Jossey-Bass.

Stivers, C. (1992b). "A wild patience": A feminist critique of ameliorative public administration. In M. T. Bailey & R. T. Mayer (Eds.), *Public management in an interconnected world: Essays in the Minnowbrook tradition*(pp. 53 – 74). Westport, CT: Greenwood.

Taylor, F. W. (1911). *The principles of scientific management*. New York: Happer & Brothers.

Terry, L. D. (1990). Leadership in the administrative state: The concept of administrative conservatorship. *Administration and Society*, 21 (4), 395 – 412.

Terry, L. D. (1991). The public administrator as hero: All that glitters is not gold: Rejoinder to Christopher Bellavita's "The private administrator as hero."*Administration and Society*, 23(1), 186 – 193.

Thompson, K. W. (1985). *The credibility of institutions, policies and leadership. Vol. 18: Essays on leadership: Comparative insights*. Lanham, MD: University Press of America.

Tichy, N. & Ulrich, D. (1984). Revitalizing organizations: The leadership role. In J. R. Kimberley & R. E. Quinn (Eds.), *New futures: The challenge of managing corporate transitions*(pp. 240 – 265). Homewood, IL: Dow Jones Irwin.

Travis, D. J. (1991). *Racism American style: A corporate gift.* Chicago: Urban Research Press.

U. S. Bureau of the Census. (1940). *Statistical abstract of the United States.* Washington, DC: U. S. Government Printing Office.

U. S. Bureau of the Census. (1960). *Statistical abstract of the United States.* Washington, DC: U. S. Government Printing Office.

U. S. Bureau of the Census. (1990). *Statistical abstract of the United States.* Washington, DC: U. S. Government Printing Office.

Van Riper, P. P. (1983). The American administrative state: Wilson and the founders – An unorthodox view. *Public Administration Review*, 43 (6), 477 – 490.

Vollmer, H. M. & Mills, D. L. (Eds.). (1966). *Professionalization.* Englewood Cliffs, NJ: Prentice-Hall.

Waldo, D. (1948). *The adminitrative state.* New York: Ronald Press.

Wamsley, G. L. (1990). The agency perspective: Public administrators as agential leaders. In G. L. Wamsley, R. N. Bacher, C. T. Goodsell, P. S. Kronenberg, J. A. Rohr, C. M. Stivers, O. F. White & J. F. Wolf *Refounding public administration*(pp. 114 – 162). Newbury Park, CA: Sage.

Wamsley, G. L. , Bacher, R. N. , Goodsell, C. T. , Kronenberg, P. S. , Rohr, J. A. , Stivers, C. M. , White, O. F. & Wolf, J. F. (1990). *Refounding public administration.* Newbury Park, CA: Sage.

Warner, M. (1981). *Joan of Arc: The image of female heroism.* New York:

Knopf.

Wells, T. (1973, Summer). The covert power of gender in organizations. *Journal of Contemporary Business*, pp. 53 – 68.

Welter, B. (1976). The cult of true womanhood 1820 – 1860. In B. Welter, *Dimity convictions: The American woman in the 19th century* (pp. 21 – 41). Athens: Ohio University Press.

White, L. D. (1948). *The federalists*. New York: Macmillan.

White, L. D. (1951). *The Jeffersonians*. New York: Macmillan.

Wiebe, R. H. (1967). *The search for order 1877 – 1920*. New York: Hill & Wang.

Wildavsky, A. (1990). Administration without hierarchy? Bureaucracy without authority? In N. B. Lynn & A. Wildavsky (Eds.), *Public administration: The state of the discipline* (pp. xiii – xix). Chatham, NJ: Chatham, House.

Wills, G. (1984). *Cincinnatus: George Washington and the enlightenment*. Garden City, NY: Doubleday.

Wilson, J. Q. (1989). *Bureaucracy: What government agencies do and why they do it*. New York: Basic.

Wilson, W. (1978). The study of administration. In J. M. Shafritz & A. C. Hyde (Eds.), *Classics of public administration* (pp. 3 – 17). Oak Park, IL: Moore. (Original work published 1887)

Wyzomirski, M. J. (1987). The Politics of art: Nancy Hanks and the National Endowment for the Arts. In J. W. Doig & E. C. Hargrove (Eds.), *Leadership and innovation: A biographical perspective on entrepreneurs in government* (pp. 207 – 245). Baltimore: Johns Hopkins University Press.

Young, I. M. (1987). Impartiality and the civic public. In S. Benhabib & D. Cornell (Eds.), *Feminism as critique* (pp. 57 - 76). Minneapolis, University of Minnesota Press.

索　引

（页码系英文原书页码）

Abbott, E. 阿博特, E., 116

Adair, D. 阿戴尔, D., 84, 86-87

Adams, A. 亚当斯, A., 30

Adams, J. 亚当斯, J., 30, 78, 83-84

Administrative state 行政国家, 27-32, 139-140

African-Amercian women：非裔美国女性

　　attainability of 'true womenhood' by 达到"真实的女性本质", 107-109

　　discrimination against 对……的歧视, 14-16

　　imperialism and white men's attitudes towards, in 19th century 19世纪帝国主义和白人男性对……的态度, 119n1

Agency (concept) 机构（概念）, 45, 129-130

Ambition 野心, 89

The Administrative State (D. Waldo)《行政国家》(D. 瓦尔多), 102

Anonymity 无名, 42-43, 129-131

Aristotle 亚里士多德, 29, 77, 140-142, 144

Autonomy, Professional 职业自主权, 43-46, 130

Bacon, F. 培根, F., 39

索 引

Baker, P. 贝克, P., 115

Barnard, C. 巴纳德, C., 61

Beard, C. A. 比尔德, C. A., 118

Bellavita, C. 贝拉维塔, C., 91-92

Blacksburg Manifesto 黑堡宣言, 43, 129

Black women. See African-Amercian women 黑人女性，见非裔美国女性

Bledstein, B. J. 布莱德斯坦, B. J., 47

Bloch, R. H. 布洛赫, R. H., 78-79

Blum, L. A. 布鲁姆, L. A., 93

Breckinridge, S. 布雷肯里奇, S., 116

Brotherhoods, professional 职业的兄弟关系, 50-52

Brown, W. 布朗, W., 90

Brownlow Commission 布朗娄委员会, 38, 42-43, 129

Bureaucracy, asexual character of 官僚制的无性特征, 21

Bureau movement 官僚运动, 104, 118

Burke, A. 伯克, A., 65

Bush, G. 布什, G., 67

Caesar, J. 凯撒, J., 86

Caldwell, L. K. 卡德威尔, L. K., 85-86

Campbell, J. 坎贝尔, J., 92-93

Capitalism, gender discrimination and 性别歧视与资本主义, 69

Carby, H. V. 卡比, H. V., 119-120n1

Catt, C. C. 凯特, C. C., 114-115

Charitable societies, women's 女性的慈善协会, 108-109

Checks and balances, system of 制衡体制, 56-57

Child care 照顾孩子, 17

Cicero 西塞罗, 84

Citizen, administrator as 作为公民的行政人员, 97-99

Citizenship, Aristotelian view of 亚里士多德关于公民权的观点, 142

Civil service 公务员, 14

Civil War 内战, 109

Clerical employees: 办事雇员

 in civil service 在公务员中, 26–27

 leadership and 领导与, 68

 predominance of women 女性的优势地位, 49–50

Competence of public administrators 公共行政人员的能力

 See Expertise of public administrators 见公共行政人员的专业知识

Complexity, need for expert administration and 对专家行政的需要与复杂性, 48

Connell, R. W. 康奈尔, R. W., 31

Constitution, U. S. 宪政, 美国, 79, 101–102

Cooper, A. J. 库珀, A. J., 119–120n1

Cooper, T. L. 库珀, T. L., 97–99

Corruption, public administration as response to 公共行政对腐败的反应, 38

Cott, N. F. 科特, N. F., 105–106

Court, D. 考特, D., 31

Davis, K. 戴维斯, K., 116

Day-care, federal government and 联邦政府与日托, 17

De Beauvoir, S. 西蒙·德·波伏娃, 46

Decision-making, leadership and 领导与决策, 63–64

Democracy: 民主

 conflict of efficiency with 效率和……的冲突, 102–104, 138

 power of public administration and 公共行政的权力与, 1–2

Denhardt, R. B. 登哈特, R. B., 18

Depression, exclusion of female government employees during 大萧条时期排除女性政府雇员, 16

Discretionary judgment, feminist theory of public adminstration and 公共行政的女性主义

理论与自由裁量权，140 – 141

Diversity 多样性，138

Doig, J. W. 杜瓦，J. W.，57

Economy Act (1932) 经济法案 (1932)，16

Edwards, L. R. 爱德华兹，L. R.，94 – 95

Efficiency：效率

  democracy versus 民主与，138

  hierarchization and 等级化与，47

  leadership and 领导与，132 – 134

  masculinization of social science and increase emphasis on 社会科学的男性化和对……的不断强调，110 – 113

  struggle of democracy with 民主与……的斗争，102 – 104，112

Entrepreneurial leadership 企业型领导，57 – 58

Expertise of public administrators 公共行政人员的专业知识，35 – 55，58

  brotherhood and 兄弟关系与，50 – 52

  feminist approach to 通往……女性主义的路径，129 – 132

  hierarchy of expertise 专业知识的等级制，46 – 50

  objective expertise 客观的专业知识，37 – 43

  professional autonomy and 职业自主权与，43 – 46

  professionalism and 职业主义与，52 – 55

Faludi, S. 法罗蒂，S.，124

Fame, desire for 渴望名望，83 – 87，89 – 90

Federal government：联邦政府

  discrimination against women in 在……中对女性的歧视，15 – 16

  first balck women in 在……中的第一位黑人女性，14 – 15

  first women employees in 在……中的第一位女性雇员，13 – 14

  growth of number of female employees in 在……中女性雇员数量的增长，16 – 17

Federalist Papers《联邦党人文集》，76

Federalists 联邦主义者，45，76 – 79

Femininity：女性化

    as negative trait of public administration during Progressive Era，在进步时代作为公共行政缺点的，117

    behavior of men in organizations and 组织里男性的行为与，22

    norm of service and 服务的规范与，54

    professional authority-societal complexity dualism and 专业权威性—社会复杂性的二元主义与，48 – 49

    Virtue and 美德与，79 – 81，134 – 135

Feminism：女性主义

    criticism of liberal state by 对自由主义国家的批评，3

    definition 定义，124 – 125

Feminist theory of public administration 公共行政的女性主义理论，124 – 145

    administrative state and 行政国家与，139 – 140

    conceptual boundaries and 概念界限与，125 – 128

    definition of feminism 女性主义的定义，124 – 125

    expertise 专业知识，129 – 132

    history of public administration and 公共行政的历史与，137 – 139

    leadership 领导，132 – 134

    practical wisdom and 实践智慧与，140 – 145

    tentative character of ……的暂时特点，128 – 129

    virtue 美德，134 – 137

Ferguson, K. E. 弗格森，K. E.，22

Fierman, J. 费尔曼，J.，23

Finley, M. I. 芬利，M. I.，92 – 93

Fisher, B. 费舍尔，B.，96

Flexner, A. 弗莱克斯纳，A.，50，51

Follett, M. P. 弗莱特，M. P.，124，139

索 引

Franzway, S. 弗兰兹威，S., 31

Freedom, liberalism and idea of individual 自由，自由主义和个人理念，40

Freud, S. 弗洛伊德，S., 63

Gallas, N. 盖勒斯，N., 18

Gantt, H. L. 甘特，H. L., 47

Ginzberg, L. D. 金兹伯格．L. D., 106–109, 110–111

"Glass ceiling" "玻璃天花板", 23–24

Goodnow, F. J. 古德诺，F. J., 117

Greece, ancient 古希腊，90

Green, R. T. 格林，R. T., 84–85, 87–88

Greenwood, G. 格林伍德，G., 107

Guardians, public administrators as 作为监督者的公共行政人员，81–83

Gutek, B. A. 古特克，B. A., 20–21

Hale, M. M. 哈勒，M. M., 25

Hale, S. 哈勒，S., 107

Hamilton, A. 汉密尔顿，A., 45, 76, 85–88, 102

Hanks, N. 汉克斯，N., 68

Harrison, B. W. 哈里森，B. W., 143–144

Heroes, administrators as 作为英雄的行政人员，51–52, 91–97

Hierarchy of expertise 专业知识的等级制，46–50

High-ranking positions, women's lack of access to 女性缺少进入高级职位的路径，23

Hill, A. 希尔 A., 94

History of public administration：公共行政的历史

    feminist approach to 通向……的女性主义路径，137–139

    women and 女性与，13–19

Honor, desire for 渴望荣誉，84, 87–88

Hoover, J. E. 胡佛，J. E., 66

Household：家庭

    Aristotelian view of 亚里士多德的……观点，142

    state versus 国家与，29-30

    traditional liberal view of 传统自由主义的观点，4-5

    unequal sharing of responsiblilities of 责任的不平等分配，24-26

Human body, association of femininity with 女性特质与人类身体的联系，90-91

Hume, D. 休谟，D.，77

Immortality, desire for 渴望永恒，90-91

Impartiality 公平，41-43

Independence of administrators 行政人员的独立性，84-85，87

Inspirational leaders 鼓舞型的领导者，65

Institutionalization 制度化，65

Joan of Arc 圣女贞德，95

Jonas, H. 琼纳斯，H.，62

Kanter, R. M. 坎特，R. M.，22，63，68，71

Kass, H. D. 卡斯，H. D.，45

Keller, E. F. 凯勒，E. F.，39-40

Keller, L. F. 凯勒，L. F.，58

Kelley, R. E. 凯利，R. E.，133

Kellor, F. 凯罗，F.，116

Kelly, R. M. 凯利，R. M.，25

Knox, J. 诺克斯，J.，48

Kristeva, J. 克里斯蒂娃，J.，128

Landes, J. B. 兰德斯，J. B.，30-31

Leadership 领导，56-60

  entrepreneurial leadership 企业型领导，57-58

  feminist approach to 通向……的女性主义路径

    public administration and dilemma of 公共行政和……的困境，72-74

    qualities of leader 领导者的素质，60-66

    women as leaders 作为领导者的女性，66-72

League of Women Voters 女性投票者联盟，115-116

Legitimacy of public administration 公共行政的合法性，12，54，75-76

Lewis, E. 刘易斯, E., 26-27

Liberalism：自由主义

  feminist criticism of 女性主义对……的批评，3

  idea of neutrality and 中立性的理念与，40

  individual freedom and 个人自由与，40

  public-private dichotomy of 公共—私人的二分法，4-5，13-14

Lock, J. 洛克, J., 29-30, 40

Machiavelli 马基雅维利，29，48，79

Mainzer, L. C. 梅则, L. C., 84, 88

Management：管理

  stereotypes about level of female ability in 关于女性……能力水平的原型，23-24

  women's styles of 女性的……风格，70-72

Markus, M. 马库斯, M., 89

Masculinity：男性化

  concept of self-interest and 利己主义的概念与，98-99

  guardianship and 监督者与，82-83

  hero image and 英雄形象与，94-95

  leadership qualities and 领导素质与，70-71

  of decision-making leader 决策型领导者的，63-64

  of fame and honor 名望和荣誉的，87-89

  professional authority-societal complexity dualism and 专业权威性—社会复杂性的

二元主义与, 48-49

public administration in nineteenth century and 19世纪的公共行政与, 13

scientific objectivity and 科学的客观性与, 39-40

virtue and 美德与, 80-81

Weber's bureaucratic model and 韦伯的官僚制模型与, 21

women's adaptation to male enviroment of public administration 女性适应公共行政的男性环境, 19-22

Milwid, B. 米尔韦德, B., 21

Mintzberg, H. 明兹伯格, H., 71

Mitchell, T. 米歇尔, T., 28

Morality. *See* Virtue 道德, 见美德

Morgan, D. F. 摩根, D. F., 140-141

Mosher, F. C. 摩舍, F. C., 44

Muscle Shoals dam 马斯尔肖尔斯水坝, 115-116

Nature 自然, 39, 48

Neutrality 中立性, 38-40, 129-130

Oath of office 就职宣誓, 82

Objectivity 客观性, 37-43, 129-131

Okin, S. M. 奥金, S. M., 26

Party politics, masculinity of 党派政治的男性化, 111-112

Pastiak, G. 帕斯迪亚克, G., 71

Perkins, J. 珀金斯, J., 18

Phronesis 实践智慧, 140-145

Plato 柏拉图, 62

Poggi, G. 波吉, G., 28

Politics, public administration distinguished from 区别于政治的公共行政, 2

Pringle, R. 普凌格, R., 21

Professionalism: 职业主义, 36

    See Expertise of public administrators 见公共行政的专业知识

    autonomy and 自主权与, 43 – 46

    brotherhoods and 兄弟关系与, 50 – 52

    women and 女性与, 52 – 55

Progressive Era, reform by women during: 进步时代女性发起的改革

    concept of true womenhood 真实的女性本质的概念, 105 – 109

    increasing masculinization of social science and 社会科学不断增加的男性化与, 109 – 113

    male Progressives and 男性进步论者与, 117 – 118

    public administration as outgrowth of 作为……结果的公共行政, 102 – 105

    transformation of private charitable activities into governmental social services 私人慈善行动转变为政府的社会服务, 113 – 117

Progressivism 进步主义, 47

Protestantism 新教, 78 – 79

Public-private dichotomy: 公共—私人的二分法:

    administrative state and 行政国家与, 29

    Aristotelian view of 亚里士多德关于……的观点, 141 – 142

    gender roles and 性别角色与, 4 – 5

    Hamiltonian model of administrator and 汉密尔顿式的行政人员模型与, 88 – 89

    in political life 政治生活中的, 96

    liberalism and 自由主义与, 4 – 5, 13 – 14

    masculinity of public sphere 公共领域的男性化, 30 – 31

    moral significance of sexual transgressions and 性犯罪的道德意义与, 94

    19th century conceptions of virtue of 19世纪美德的概念, 105 – 106

    virtue and 美德与, 78 – 80, 135 – 136

Reason 理性, 41 – 42

Rohr, J. A. 罗尔，J. A. , 73

Roosevelt, F. D. 罗斯福，F. D. , 116

Roosevelt, T. 罗斯福，T. , 65, 116

Rosenbloom, D. H. 罗森布鲁姆，D. H. , 38 – 39

Rousseau, J-J 卢梭，J – J, 30

Ruddick, S. 鲁迪克，S. , 136

Salaries of women 女性的工资, 13, 15 – 16, 25

Salons 沙龙, 30

Sanborn, F. 桑伯恩，F. , 110

Sanitary Commission 卫生委员会, 109

Schindler, O. 辛德勒，O. , 93 – 94

Schumpeter, J. 熊彼特，J. , 57

Schuyler, L. L. 斯凯勒，L. L. , 110. 111

Scientific method 科学方法, 39 – 40

Self-interest 利己主义, 88 – 99, 97 – 99

Selznick, P. 塞尔兹尼克，P. , 61

Semiprofessions 半职业, 44

Separation of powers 权力分离, 56 – 57

Service, norm of 服务规范, 54

Sexual harrssment: 性骚扰

 bureacracy's denial of 官僚对……的否认, 21

 during Civil War 内战期间, 14

Sexual transgressions, evaluation of 对性犯罪的评估, 93 – 94, 96

Sheppard, D. L. 谢泼德，D. L. , 19 – 20

Sheppard-Towner Maternity and Infancy Protection Act (1921) 谢泼德 – 汤纳产妇婴儿保护法案 (1921), 115

Sherwin, B. 舍温，B. , 116

Skepticism about public administration 对公共行政的怀疑, 2

189
索 引

Slavery 奴隶制, 87, 94

Social science, rise of 社会科学的兴起, 109–110

State. See Administrative state 国家, 见行政国家

State and local government: 州和地方政府

  minority women managers in 在……中的少数民族女性管理者, 23

  women employees in 在……中的女性雇员, 17

Stereotypes: 原型

  about leaders 关于领导者的, 67–69

  about women employees 关于女性雇员的, 20–21, 23–24

Stewardship model of public administration 公共行政的服务者模型, 131–132

Success 成功, 89, 100n3

Taylor, F. W. 泰勒, F. W., 47

Tennessee Valley Authority (TVA) 田纳西河谷局 (TVA), 116

Terry, L. D. 特里, L. D., 57–58, 92–93

Thomas, C. 托马斯, C., 94

Tocqueville, A. de 托克维尔, A. 德, 97–98, 100n3

True womanhood, cult of 对真实的女性本质的崇拜, 105–109

TVA. See Tennessee Valley Authority TVA, 见田纳西河谷局

University of Chicago 芝加哥大学, 116

U. S. Council of National Defense 美国国防委员会, 15

U. S. Department of the Treasury 美国财政部, 13, 14

U. S. government. See Federal government 美国政府, 见联邦政府

Virtue: 美德

  citizenship and 公民资格与, 97–99

  feminist approach to 通往……女性主义的路径, 134–137

  guardianship of public values and 公共价值的监督身份与, 81–83

heroism and 英雄主义与, 91-97

idea of "true womanhood" and "真实的女性本质" 理念与, 105-109

of public administrators 公共行政人员的, 75-81

private versue public, in 19th century 19 世纪的私与公, 105-106

seeking after fame and honor and 对名望和荣誉的追求与, 83-91

Vision, leadership and 领导与远见, 61-63

Waldo, D. 瓦尔多, D., 102-104, 112

Wamsley, G. L. 瓦姆斯利, G. L., 45

Warner, M. 华纳, M., 95

Washington, G. 华盛顿, G., 86

Weber, M. 韦伯, M., 21, 63

Welch, J. F., Jr. 小韦尔奇, J. F., 64-65

Wells, I. B. 韦尔斯, I. B., 119-120n1

Wiebe, R. H. 韦彼, R. H., 47, 48

Wilson, W. 威尔逊, W., 2, 11, 16, 37-38, 40-41, 48, 87, 102-103

Witchcraft, 魔法, 48

Women: 女性

administrative state and 行政国家与, 27-32

African-American women. See African-American women 非裔美国女性, 见非裔美国女性

Aristotelian perspective on 亚里士多德对于……的看法, 141

difficulty in adapting to Hamiltonian model of administrator 适应汉密尔顿式行政人员模型的困难, 88-91

hero image and 英雄形象与, 92-97

history of, in public service 在公共服务中的……历史, 13-19

leadership concept and discrimination against 领导概念和对……的歧视, 58-60

liberalism and 自由主义与, 40-41

organizational reality confronting 面对……的组织现实, 19-27

professionalism and 职业主义与, 52-55

quest for immortality by 对永恒的追求, 90-91

reform during Progressive Era and. *See* Progressive Era, reform by women during 进步时代的改革与, 见进步时代女性发起的改革

Women's Bureau 妇女局, 15

Women's Christian Temperance Union 基督教妇女禁酒联合会, 114

Women's clubs 女性俱乐部, 109

Women's suffrage 女性选举权, 115

World War I 第一次世界大战, 15